U0013032

對愛入座

網友推爆！情場魯蛇的愛情解惑指南

小生／著

suncolor
三采文化

目錄

content

輯二／小王子與玫瑰

輯三／好愛．好散

／作者序／

歡迎，對愛入座

前陣子，一位我最剛開始回文的原PO男主，後來成為我的粉絲，某次簽書會後我們一起吃過飯交換了聯絡方式，隔了兩三年沒聯絡，最近告訴我他要結婚了。

他很認真地把和新娘從認識到在一起，分分合合後學會了珍惜，一直到結婚的每個場景告訴我，其中有一段我印象很深刻：

在第一次約會完回家的路上有一種感覺，那種感覺很難以言喻，但這感覺告訴我，應該就是這女孩了。

某天回家的路上，我就想，直接打電話講好像很弱，應該要想個有趣的包裝告白的內容。於是我想到痞子蔡小說裡面的話，就引用了跟她在電話裡告白。

「有個心理學家叫榮格，他說男生在和不同類型的女生相處過後，會在心裡投射和描繪出一個心中完美女生的形象，這個形象叫做阿尼瑪，阿尼瑪只會有一個，妳有聽懂嗎？」

「嗯，有聽懂。」

「那就好，其實講了一大段，我只想跟妳說，妳就是我的阿尼瑪。」

三年後的現在，他們即將步入禮堂。

祝福他們趕緊追上我的進度，造個胖娃娃，不能只有我當爸。

這本書收錄的回文，大多來自於二〇一六到二〇一八年間在PTT男女版的回文。但是真正開始回顧，然後集結成冊的時候，差不多是在二〇一九年的三月到十二月間。

相比於那段時間，現在的狀態是很不一樣的。

二〇一六到二〇一八年間我單純地靠文字為生，那時還在用自己的方式和一種莫名的堅持，想憑著文字找到一個營生的方式。

當時用每月五千的租金，租了一間六坪大有落地窗和陽台的小套房當作寫字房，把自己的生活鎖在那裡。一整天的時間基本上就是和PTT還有一些稿件作伴，每天和我講最多話的大概就是五百公尺外一間義大利麵的店長阿姨。

就是會叫你帥哥的那種老闆娘。

大概是這樣的生活，沒有太多朋友，沒有太多的存款，也不敢談太天長地久的戀愛，所以縱使有不錯的對象，我總是在伸手可及的時候，又像碰到熱鍋那樣迅速抽離。

當時對於愛情，不是渴望得到，而是害怕擁有。畢竟還沒搞定自己之前，怎麼給另一個人承諾？那兩年之間的回文，立場客觀而超然，就像個看破紅塵的僧人，為在愛裡迷途的眾人道出一絲光亮。

但內心總是有個小惡魔會發出譏笑：「和尚跟人家談愛情？這跟太監談生子有什麼不同？」

「不一樣，老衲有降魔杵。」每到了夜深人靜，我總是這樣

告訴自己。

就在我終於決定要回到職場，換個輕鬆點的方式堅持理想，開始做長遠踏實的打算。有個朋友約了飯局在老房子酒吧喝酒。

我記得到了差不多第一輪酒都快喝光的時候，我才聽到背後傳來一陣輕快的聲音：「不好意思我遲到了。」

聲音的主人就是瓶子，留著一頭俏麗的亞麻色短髮，穿著一件南洋風的一字領連身裙，就像一道陽光走進了屋子裡。我想，如果能來杯 Mojito 就更完美了，即使這酒有著其他的回憶。我起身，把靠內側的座位讓給她，她用手理了一下裙襬，臉很臭地坐到我旁邊。

「要點 Mojito 嗎？」

「不要，我要可樂。」

遲到還這麼大牌，水瓶座，Respect。

瓶子常常問我，到底是什麼時候喜歡上她的。

「這個問題很複雜，取決於妳怎麼斷句。」

「煩欸你好好回答。」

「就從第一天朋友約喝酒，妳遲到坐到我旁邊的時候啊！」

「屁咧我那天臉那麼臭。」

「我就喜歡臉臭的。」

「我才不相信你對我一見鍾情。」瓶子嘴巴這樣說，可是笑得很開心。

我不知道她會不會相信，每個男生在和不同類型的女生相處以後，會在心中投射和描繪出一個完美情人的形象。這個形象叫作阿尼瑪，阿尼瑪只有一個。

我不知道她會不會相信，那種在微小的瞬間萌生的篤定。

也許你會感到迷惑，對的人到底在哪裡。

命運的奇妙之處就在於，當你起心動念做出某些改變，開始邁開步伐往前，祂就會把相呼應的人帶來面前。

對的人不會出現在疑惑之際，
錯的人不會在有信念的人身邊停留。

在你以為自己不需要愛的時候，命運會告訴你不妨試試看吧；在你提起某些事物還會牽動回憶的時候，祂會告訴你別再回頭看著影子了；在你覺得可以承擔一些責任的時候，祂會替你安上稍微大一些的擔子。

當你失戀、無助的時候，不要放棄愛。
因為前方一定有個命中註定，填滿你生命中的空白。
生命之中，一定有個阿尼瑪，在適當的時機對愛入座。

小生

幸福本來就不是一張考卷，
而是有個人出現在你面前，
你就知道他是答案。

輯一

脫單練習曲

小生會客室

脫單，需要練習嗎？

那年，我十七歲，她也十七歲。

有看過神劇《讓子彈飛》的人都知道，講到十七歲，就得說個故事。有人的十七歲當手槍隊長，有人的十七歲過得荒唐。

總之，那年我十七歲，她也十七歲。

琪琪在班上是屬於那種好哥兒們型的女生，跟小莫比長得不甜美可愛，骨架甚至有點粗勇，但很可以跟男生開玩笑，各種黃色笑話她都能懂，也不介意偶爾互嘴，所以深受男生喜歡，班上很多男生都默默對她有好感。

高中男生是這樣子的，心裡一定會有一個一見鍾情的女神，和一個可以互開玩笑的好哥們。

好哥們就像是一種練習，練習在蠢蠢欲動的青春期怎麼跟女生相處，練著練著，就會練出感情。好比打鬧間挨了琪琪一拳，心中就會冒出那句：「打是情罵是愛」。

又打又罵是真愛。

當時和琪琪一起上補習班，都會搭同一班校車到補習班附近一起吃晚餐，我印象很深刻，只要我們肩並肩坐著，心裡頭的小鹿就會一頭撞死，一起吃麥當勞的時候，總會幻想餵她吃薯條的幸福畫面。

「她應該對我有意思吧？不然怎麼會跟我坐那麼近？」

對，我的小鹿死因就是他媽這麼離奇，因為十七歲的少年，總是有很多青澀的幻想，以為這就是曖昧。

理所當然地，看到琪琪這麼有異性緣，就不免心生嫉妒，想要超車他們趕在最前面。當時的假想敵超多，例如小胖常常請飲料，我也找機會請；阿偉常常寫一些附庸風雅的文青體，我比他更無病呻吟；最難超越的頭號敵人是前段班的小林，因為他成績超好，校排前三十名，怎樣都考不贏。

那時候甚至還發誓一定要考上比小林還好的學校，真的有夠中二。

高三下學期在補習班做化學考前總複習，複習完共價鍵中場下課，我找琪琪到補習班頂樓一起看夜景。現在想想，當時應該真的是跟靜茹借的勇氣，畢竟當年那首歌很紅。

補習班所在的大樓算是附近最高的建築物，因此視野很好，一望無際，四月份的風吹得琪琪頭髮有點亂，有看過《草莓百分百》的七年級生一定會聯想到那個在教室頂樓被風吹亂頭髮和裙子的東城綾。

看著地面上的車水馬龍和燈火，把夜空的星星映得失去光亮，我們安安靜靜地看著，彷彿在等待誰先開口。

偶像劇和小說還有少男漫畫都是這麼寫的，於是我也這樣做了，我把跟靜茹借的勇氣連本帶利地對著遠方的紅綠燈大喊：「琪琪我喜歡妳！」

一陣尷尬的沉默瀰漫在空氣之中，尷尬到我覺得人生如果是本小說會輕鬆很多，尷尬到連十字路口那台黑色轎車的引擎聲都可以聽得清楚，接著是琪琪的爆笑：「你白痴喔！」

然後她開始用很奇怪的步伐倒退走到電梯口，按了按鈕，電梯偏偏又在一樓，很慢很慢地往上爬，這讓整個尷尬繼續延伸，我開始在思考要不要找共價鍵當話題的時候電梯門終於開了，十七歲的少年，感覺不出琪琪鬆了一口氣。

在電梯裡面琪琪站到最角落，我們的尷尬因為電梯裡鏡子的鏡像反射變成了無限尷尬，其實我有很多問題想問，例如「妳喜不喜歡我？」、「要不要和我在一起？」而且我很害怕出了電梯，我就再也沒機會問了。

但我的直覺告訴我這些問題都會得到否定的答案，所以我問了一個比較開放式的問題：「妳覺得怎麼樣？」

如果有一台時光機可以回到過去挖個地洞把自己埋了，我會挖到地下十八層，一輩子不要上來算了。這是我人生第一次和女生告白。

從這個經驗我學到三件事：

第一件事、戳破自以為的粉紅泡泡。

練習顧名思義，就是要從失敗中學到經驗，跟琪琪告白給當時的我上了很重要的第一課，就是：「我以為的曖昧，都是自己幻想出來的粉紅泡泡。」

看太多偶像劇、漫畫、聽太多虛構的故事，就真的把故事當真，吹起了粉紅泡泡，這些泡泡容易讓你莫名有自信，容易讓妳誤判兩人的實際友好程度，進一步在偶爾突然清醒面對現實的時候感到失落、不平衡、然後做了明知道會失敗的告白。

怎麼判斷人家是不是對你有意思，是有客觀標準的。你主動示好，對方也有主動示好，這才構成最基本的互有好感條件。

如果是你一直熱臉貼冷屁股找話題，去哪裡都是自己主動提出邀約，那只能說明你不是他的菜，轉移目標或者繼續用時間換取機會。

這個經驗和後來許多告白失敗的同學相互印證後，我可以很大膽地說，百分之九十的告白失敗，都是因為自己腦補太多粉紅泡泡，以為兩個人很要好，就衝一發 All in，結果落得滿盤皆輸。

剩下百分之十的告白失敗，是明明知道自己不會成功，但是已經每天被對方的一舉一動、一顰一笑牽動著情緒，想快點解脫，所以衝一發 All in，結果一樣輸到剩內褲。

告白就是要在一起，如果沒有絕對的把握在一起，那根本不該告白。

聰明的你會反駁：「放屁！如果有絕對的把握在一起，那我還告白幹嘛？」沒錯你抓到重點了，會在一起的人，告白就只是確認關係的一個儀式罷了。

如果你覺得心頭小鹿常常莫名其妙亂撞，拜託開始找些事情分散注意力，或是多和其他異性友人聊聊天，有助於你去發現和對方的互動不如自己想得那麼親熱，就可以轉移注意力，稍稍冷卻。

釐清了這點，我們就要進一步討論，到底怎樣才有絕對的把握在一起？

參考輯一〈脫單練習曲〉收錄的回文你會發現，每個個案不見得相同，具體的作法也會因人而異，但心態上都要有一個共通點：「兩個人要像打乒乓球那樣一來一往，接得越長越有樂趣，才能接出默契、打出感情。」

所以在這個篇章裡關於搞曖昧和追求的內容，大多是歡樂、有趣的口吻，搭配能讓人會心一笑、引發好奇的方式，因為這就是曖昧啊！戀愛這麼樣幸福的事，當然要有快樂的序曲。

第二件事，曖昧就像乒乓球。

有一個男生告訴我，他在回家後跟第一次約會的女生用簡訊告白——**發球就掛網**。

正常人看都覺得很智障，但這不是個案，很多女生遇過這樣的人，也很多男生這麼做失敗了卻不知道原因。

有個女孩跟我說，她跟一個玩線上遊戲認識的男孩見了三次面以後，發現男孩退遊了，態度也越來越冷淡，於是衝一發告白，被發朋友卡——**殺球出界**。

為什麼人生只有直球跟殺球？因為她想著要得分，她以為告白就是得分，在一起就是贏得這場球，卻忘了輸贏根本不重要。

可以互相傳接球的人，一定是程度相當的人；愛情裡可以互相接到球，才能確定彼此頻率相近、有點好感，不是嗎？

沒有了解對方、沒有試探感覺、沒有引人上鉤的誘餌，就一股腦地想要得分，根本就搞錯了方向。重要的是那個人留在場上和你一起打球，一直一直打下去，成為最有默契的對手，最了解你的人。

等到對彼此的球路都了然於胸，你差不多有八成的把握，確定對方肚子餓了，你把那顆調皮的小球收回手心，真誠地看著她的眼睛說：「餓了嗎？我下麵給你吃。」這變招，猝不及防。不是抱緊處理，就是報警處理。

沒事的，高風險高報酬。

第三件，也是最重要的一件事，屬於你的，兜兜轉轉後終究會回到身邊。

故事裡的琪琪畢業後上了台中的學校，小林則在台北，相隔十年完全沒有聯絡，直到開始工作以後，才在一個聚會上重新遇見，然後就結婚了。

所以被困在當下的得失之中，不妨想想現在得不到的，只能說明是當下不適合的，命運肯定會把對的人帶來面前，不妨輕鬆一點看待吧！

感情是生活的調味料，不是必需品，不要為了喜歡吃辣椒醬而壞了牛肉湯的風味啊。

魯蛇永遠只能是單身狗？

我是三十歲的魯蛇一名……最近走不出被打槍的陰影中，我不懂女人的心，這世界果然不像魯蛇想的那麼簡單，三十歲了沒交過女朋友，只追過兩個女孩子，對自己完全沒有自信。

我是個很不容易喜歡上人的白癡，但愛上了我又難以忘記。根本是腦子有洞，三年前在自己生日前做了最壞（朋友們認為明確）的選擇：與自己第一次喜歡上的人吵架永不聯絡，原因只是在與她認識的幾個月中，原來她一直都有一個穩定交往的男朋友，魯蛇我只是個工具人，她男友不在時的替代品。

她每天會主動找我聊LINE，可以聊到聊天紀錄爆掉……陪她逛街、運動、看病，做些旁人看起來都認為我就是她男友的事。結果到頭來都是我自作多情，我花了兩年成功忘記她，不再心痛。

而這幾個月魯蛇我真的成功喜歡上別人，我只敢把心意放在心中，與對方當

小生陪你聽

服用此文，請搭配歌曲〈一定要相信自己〉

演唱人：盧廣仲

個好朋友。但……難道我又會錯意嗎？還是我錯過了什麼？我不懂為什麼可以每天沒事敲我LINE，我是個很不會說話、老是給對方句點的白癡。

但她還是可以有事沒事地天天敲我，不論上班下班，我以為她對我也有好感，不然有事沒事跟我報備做啥？難道只是想找人說說話嗎？難道我以為的曖昧都是正常男女普通朋友會做的嗎？

但我往前的決定錯誤了，換來的只是彼此之間的溫度由八十度驟降到十度，我還是不知道做錯了什麼，而且又是在自己生日前被打槍。我難過的不是被打槍，是為什麼突然冷淡！

我真的做錯什麼了嗎？我很難過。而現在她對我冷熱無常，我不知道怎麼應對。不如都不要理我拜託，這樣只會讓我更難過。總覺得被我喜歡上的人真倒楣，被一個神經病愛上應該是抽到下下籤吧！打了那麼多語無倫次的話，我也不知道自己在說什麼……愛情對我這整天悲觀、喜歡鑽牛角尖的金牛男難道無緣嗎？謝謝大大們看完，魯蛇在此一鞠躬。

By 悲傷的蛇蛇

兄台你好，我是小生，偶爾客串回文，點綴你的人生。

我發現，你最大的問題是出在心態。

就是有你這種人，工具人、魯蛇、宅男、魯肥宅……這些字眼才會和特定軟弱沒自信的男性作連結。然後這種詞越來越和軟弱、沒自信、戀愛市場的失敗者連結，最後被視為理所當然的詞彙，也沒有人會反映這是人身攻擊或地圖炮。就連男性看到也是一笑置之甚至自我解嘲，於是從來沒有人會因為這樣被處罰。

但你正在用沒自信處罰你自己，也在處罰廣大男性同胞。

看看女性同胞們，多麼團結一致。一個女人被罵公主病，一群人出來護航，因為她們自信自己不是這樣的人。某類女人被歸類為母豬，馬上就會有人出來端正風氣，因為她們感同身受，這樣的負面情緒，是阻止她們往更好方向前進的絆腳石。

今天，我也想告訴你，你不是這樣的人。

人與人相處講究的是一種互相、一種頻率的共鳴。你不會勉強自己去和一個你不喜歡的人打交道，同樣的，女生如果沒有對你有一定的好感，當然不會找你聊天或逛街。所以三十年來有兩個女生會主動找你聊天，表示你是會讓人有好感的人你知道嗎？

你，是會讓人有好感的溫拿！

你提到一句話：「這幾個月，我終於成功喜歡上別人。」這好像是在說，要喜歡上別人是一件需要勉強自己不斷嘗試的事情。如果是這樣，代表你一直在勉強自己喜歡一個不適合的對象。

因為「喜歡」本來就是一件自然而然發生的事。

因為興趣的相投、因為頻率的共感，自然而然產生「想多和她相處」的想法。如果真的互動投機又有聊不完的話題，其實愛情常常來得很輕易。

所以，你是勉強自己喜歡一個剛好主動接近你的人？還是真的是因為互動上的甜蜜而喜歡上對方？看你提到一直讓對方句點，我想這中間可能有些勉強。所以不是你不值得愛，而是你把愛給錯了人。

不自信又勉強，當然會讓人覺得厭煩而想疏離。一直以矮一截的地位談戀愛，求別人喜歡你，對方當然會覺得你的愛是廉價品。火車站前的愛心筆，很少有人主動走過去說我要買十支，對吧？

談戀愛應該是快樂的、對等的互動，女生會主動找你，那表示你有吸引她的特質，在兩人的互動中你的心態應該是「評估」，評估這個人各方面的條件適不適合交往，有些互動不錯的人可能適合當朋友，不一定要一頭熱就栽進去變成追求模式啊！

心態上是「評估」，得失心就小，得失心小了，互動也就自然了。

「談戀愛不是非你不可，而是有了你，我們會更好。」

帶著這樣的心看每一段關係，你的互動會更自然。

最後，請戒掉自稱魯蛇的習慣。這不可愛也不幽默，更無法顯示你的謙虛。只會讓自己更與失敗連結而已。

因為你一旦作賤自己作賤得理所當然，別人也就那麼看你了。甚至會把眼光投向一個群體。例如交不到女友的男人都是魯蛇。

蛇跟豬，何其無辜。

「自信的第一步，請從相信自己的美好開始。」

冒險與穩定的選擇題

因為戀愛經驗不多，想請教各位大大，要怎麼在更深入互動之前就判定怎樣的人適合自己呢？

我目前的情況是……認識了兩個人，最近都很主動地跟我互動、也是我最常聊天的對象，不到曖昧程度，但都是我身邊覺得潛在可能的對象。

我自己的個性是外顯文靜，內裡活潑，常常第一眼就被說氣質、被說文青。但其實我很喜歡戶外活動，喜歡上山下海探險，溯溪、攀岩、登山、泛舟、衝浪我都很愛，但我同樣也喜歡靜態的活動，像電影、閱讀、看展。

第一個人就是我泛舟時認識的前輩，他這些戶外經歷不勝枚舉，每次聽他說故事都令我崇拜，他也帶著我走遍了不少個山頭，他在山上的穩重、事故處理的能力都讓我拜服，但他實在太活潑多話了，在他身邊我有時會感覺到自己似乎得拚命講些什麼，有種他的世界好像太大的感覺。

小生陪你聽

服用此文，請搭配歌曲〈燕尾蝶〉

演唱人：梁靜茹

不過他也喜歡電影和閱讀，於動於靜的興趣都和我重疊，跟他在一起總覺得很興奮、很開心。

第二個人是在工作場合認識的朋友，穩重少言，但跟我很有話聊，只是他總不喜歡我的冒險魂，有時跟他分享我去攀岩，他都會覺得我不太愛惜生命。

可是他偶爾也會接受我的邀約和我一起出去踏青，因為他話少，在他身邊就算不講話我也覺得無所謂，他的生活也很單純，會讓人覺得很穩定很安心的類型，然後他也喜歡電影閱讀和看展，跟他在一起會覺得開心，不到興奮。

會這樣問，是因為我覺得初期就對這兩個人是有好感的，但是我不能同時和兩個人變得更好再做抉擇，這樣是有道德瑕疵的對嗎？會浪費了另一個人的時間和情感。

可是現階段又不知道怎樣的人比較適合我？可以請教大家在選擇對象時都是怎麼考量的嗎？謝謝。

By 好點子快降臨

姑娘妳好，我是小生，偶爾客串回文，點綴妳的人生。
姑娘妳的煩惱，真是美得讓人嫉妒。兩個男人的優點，都能滿足妳生命中的某個面向。這樣的選擇是艱難，卻也是奢侈的。
當有這樣的煩惱時，不妨試著想像看看和這兩人生活的樣子。前輩對妳而言，就像是個山神，是個嚮導，帶領妳探索這世界的美麗與奧妙。
熱愛戶外活動曬成的小麥色肌膚，粗獷的線條和手臂，總能在妳攀爬峭壁的時候，適時地拉妳一把。
妳看他的角度，永遠都是仰望天空一般的崇拜。也許他就是天空，也許他就是世界，因為他有太多讓你探究不完的地方值得你細細了解，因為他總是迫不及待地拉著妳探索全世界。
他的神祕激發了妳體內的冒險因子，然而冒險與不安總是相伴的。他的世界很大，大到妳必須亦步亦趨才能跟隨，大到妳內心的不安蠢蠢欲動。
「他是妳的全世界，但妳也許只是他攀過的一座小岳。」
當崇拜漸淡，探險家回歸到日常，他能否安於平淡？而妳又能否接受那個曾讓妳仰望的他卸下一身重裝，只穿短褲吊嘎的日常？

我們常常把崇拜誤認為愛，在崇拜消失後感嘆愛已變質，事實上，只是我們不願正視愛的本質而已。

燕尾蝶式的愛情，要克服的是風火漸冷的崇拜。

第二位男士，來自於工作上的同事。相較於如風如火的前輩，他就是一彎波瀾不驚的湖泊。乍看之下不多變也不有趣，站著看久了還有點膩。

但只要妳願意走到湖邊靜靜地坐下，妳會感受到湖的澄澈，水底的小魚，湖不會主動和妳對話，但只要妳願意投一塊石頭，必能泛起漣漪。

妳想去探索世界的時候，湖不會強留妳，但心裡知道有一座湖隨時企盼著妳的歸來，那是一種安穩的甜蜜。如果覺得當湖太委屈，也許，他也不必要是座湖。妳可以當他的領航員，帶領他探索這個世界。

也許，會開發出他不同的嗜好。我是說，正常的那種。

當然如果有不正常的，也請不要告訴我。

姑娘，當妳的目光放在比較兩者的差異時，選擇障礙便容易出現。

此時不如**把目光放在自身，問問自己想要在感情中扮演什麼角色？**
是追風逐火的燕尾蝶？還是青青湖畔的一葉扁舟？
是崇拜他人的追隨者？還是被崇拜的探險家？
是帶著崇拜眼光走在後頭的小女孩？
還是拉著另一半的手往前走的帥氣靚妹？

答案，其實沒有你想的那麼難。
啊如果這樣還是想不到答案，不然這樣問好了：**「妳是S還是M？」**
心中浮現的第一個字母，就是妳要的答案。
麻煩不要脫口而出，版友和我會不知所措。

把目光放在自身，
問問自己想要在感情中扮演什麼角色？

情人節，告白暖身

這次七夕情人節，剛好排到休假，又剛好有約到喜歡的女孩看電影，在這天時地利人和的情況下，不想錯過這次機會。

跟她關係還不錯，基本上常常會聊天（LINE），而且暑假也出去玩過幾次（一群），也有載過她，雖然沒有告白，但是大家都說我的行為很明顯，她應該也多少感受到我對她的意思吧。

在這情況下，我應該在情人節告白嗎？還是我應該有什麼行程嗎？請問單兵該如何處理？

第一次覺得上班的地方是佛心公司，居然情人節排給我休假（餐飲業），說不定我還會去公司吃飯讓他們更忙！

By 喜歡蝴蝶的毛毛蟲

小生陪你聽

服用此文，請搭配歌曲〈你不真的想流浪〉

演唱人：柯智棠

兄台你好，我是小生，偶爾客串回文，告白你的人生。

兄台，我知道你很興奮、很興奮、非常興奮。

彷彿一隻看準野兔的獵犬，搖著尾巴、低著身子，隨時準備撲向那頭在林間穿梭的野味。

身為一個射手座的獵人，我的職責就是提醒你，不要衝動。

「年輕人，終究是年輕人。」

情場如戰場，掌握全局的人才能獲得最終的勝利。

而最重要的，是了解自己現在的優勢和手上有那些牌。

我們做個簡單的 SWOT 分析，來幫助你更加了解現在的自己。

▼優勢（Strength）

1. 關係不錯，常聊 LINE。
2. 一群人出遊時載過她。
3. 情人節當天願意和你約會看電影。

▼ 劣勢（Weakness）

1. 沒有單獨約會過。
2. 認識三年多，看她分合很多次，你從來不在名單內。
3. 朋友都說你心意表現得很明顯。

▼ 機會（Opportunities）

情人節和你出去，代表若有多位潛在競爭者，你是第一順位。

▼ 風險／威脅（Threats）

1. 這是第一次約會，不可控制風險多，例如送來的餐出現不愛的菜、電影買票人潮太多她不想排隊……都有可能是地雷。
2. 她對你還在觀察期，又知道你明顯的心意，如果不想進展那麼快速，告白很可能讓你從第一名跌落谷底。

綜合以上，你以為手上的牌是鐵支或是同花，其實不過是 JJQQ 兩對罷了。

去公司吃飯讓同事幫忙這種招式，更是把對子拆成一張打的蠢招。是想讓第一次約會多尷尬啊？情人節的約會，首重私密、交心。第一次的約會，首重好印象，做為日後情感加溫的良好基礎。

因此，本次約會你的主要目的應該是**放在交心**。**心交了，其他地方要怎麼交都容易**。要交心，需要的是誘敵深入，一步步地敞開心房，而不是一下子就袒胸露乳地敞開胸懷說來吧！接受我的愛！你有看過獵犬剛發現小兔子，就邊喊邊撲過去的嗎？

以下是建議行程：

最近天氣炎熱，約個下午兩點大家睡飽飽，打扮整齊，先去百貨公司逛逛吹冷氣，看三點半到四點間的電影（請先訂好票），最好是歡樂一點，不會讓人聯想到目的性，看完心情又不沉重的。

像是《冰原歷險記》、《多莉在哪裡》。選這類電影的目的就是要讓接下來的行程能有好心情。心情好就會說心裡話，人一說心裡話，就容易拉近距離。

所以除非女生有指定，不然不建議看鬼片或愛情片。電影院出來就沿路討論電影有多白癡，那個追著松果跑的動物到底是不是松鼠，開開心心地到預約好的餐廳，延續剛剛的話題鬼扯。

千萬不要去你的佛心公司用餐！

你不會希望你在把妹的時候，服務生一直投給你奇怪的眼神吧？

用餐完畢差不多也七八點了，這時候附近買個飲料，好好善用台中給男士們最大的禮物——「夜景」。

望高寮藍色公路、月老廟夜景、中科……騎著機車吹著夏夜晚風，又舒服又好像回到年輕的時候。

找個四下無人的定點，邊喝飲料邊談心。正如一個有故事的男人，每個夜景的深處也都藏著他的故事。看著腳下的城市，你就可以開始說一些感性的話題：「這裡的夜景我還是第一次看到，上一次看到台中夜景已經是好久以前……」

你頓了頓沒有接話，她一定好奇是哪個讓你難以忘懷的女子，陪你一起看過了這片燈火闌珊的滄桑與寂寞。

「齁，是陪哪個前女友看的啊？」

「哪有，那次看是我當兵要去清泉崗報到的路上，坐在軍卡上往後看的……」

「哈哈哈哈……」

「欸，那時候很寂寞很淒涼好嗎？」寂寞，是每個人的關鍵字。

「好啦，好像笑太大聲了，很難想像你剃平頭的樣子啊！」

「誰叫那時候妳又沒在我身邊……」

彼時彼刻，恰如此時此刻。

老套的招數永遠歷久而彌新，因為那是大家走遍了的捷徑。

當時的夜景，孤單的你；如今的美景，身旁相伴的美人也感受到了當時寂寞的氣息。

「你嘴上總說，總說著喜歡寂寞；我知道其實，你嚮往著去犯錯。」

人一寂寞就會說心裡話，一說心裡話，身體就會靠得更近。靠近一點，說說心裡話，回顧兩人相識的過程，也許你會告訴她，你不真的想流浪。

情人節，不說愛，比較快。

役男攻略

喜歡的男生要去當兵了，本來想送雷朋太陽眼鏡給他，因為他很愛漂亮，但當兵好像沒什麼機會可以用到。

送沐浴乳那些東西雖然很實用，但沒有紀念價值。想送個有紀念價值又能讓他印象深刻的東西，如果有實用性更好。可以請大家給我一點建議嗎？

By 站崗美少女

姑娘妳好，我是小生，偶爾客串回文，點綴妳的人生。

姑娘，雷朋太陽眼鏡，帥。但讓他戴著太陽眼鏡入伍，不被操死才奇怪。

從妳的問題來看，與其說妳需要的是一個禮物，不如說妳需要的是一個捕獲

小生陪你聽

服用此文，請搭配歌曲〈好想你 I Miss You〉

演唱人：Joyce Chu 四葉草

計畫。而訂定計畫之前，最重要的就是先了解戰場。

身為同樣在六月入伍的男兒，我想我可以告訴妳幾個訣竅。

首先妳要知道，六月是畢業季，在六到八月這段時間入伍的新兵，大專兵和高中剛畢業的 8＋9 兵比例大概是一比一，8＋9 兵妳知道的，就是比較跟隨野性的直覺。

不爽就罵幹你娘，開心就大喊幹你娘送啦！反正無論開心不開心就是要幹。

再加上六月的新訓中心就是一個字——熱，當你處在一個又熱，鄰兵動不動就想瘋狂做愛的環境，你會變成什麼樣子呢？

沒錯，你也會變得很野性。你只想要排除熱、身體上的不舒適，和想讓身體舒適。所以喝水、沖水、抽菸、營站吃冰、聚在一起聊七辣，就是新訓的全部。

幹你娘送啦。

人家說當兵三個月，母豬賽貂蟬，六月的新訓中心，只要三天。這時候的男孩兒，特別好擄獲。就算是母豬，也可以輕鬆捕獲好男孩。

欸我不是說妳是母豬，我是說，母豬都可以，妳一定沒有問題的。

幹，好像越描越黑。

我們的捕獲計畫，共分成三個步驟。

第一步，攻心。

妳送的禮物，要讓他在關鍵時刻想到有妳真好。推薦妳CP值最高的兩個神器：「鳳梨頭和綁腿。」

鳳梨頭就是墊在鋼盔裡面的海綿，為什麼它如此重要？

相信每個男生在班長要你帶上鋼盔的那瞬間，一想到那些前人留下來的汗水和氣味即將和自己的頭皮融合，就會忍不住頭皮發麻。而這時候，拿著妳送他的鳳梨頭，輕輕地塞進鋼盔裡，作為他和學長們之間的一道守護。

他心中浮現妳的臉想著：「幹你娘送啦！」這意思其實是：「有妳真好。」

綁腿也是一個很重要的東西，尤其是剛開始不太會綁的時候，很容易不小心在踢正步的時候弄不見。不見，服儀就不整，不整就會被班長電，妳心裡也許會想：「他這麼愛漂亮的一個人才不會那麼粗心呢！」

不，事情不是你們死老百姓想的那麼單純。他不弄丟，他隔壁的8+9鄰兵阿德不會弄丟嗎？妳覺得阿德不小心弄丟綁腿，會幹誰的來補？

當他發現綁腿被幹，並從黃埔大背包裡拿出妳送他的備份綁腿，嘴角不自覺露出勝利的笑容：「幹你娘送啦！」這意思其實是：「妳怎麼什麼都知道！」

當妳像孔明一樣，接二連三用錦囊妙計解決他的生活危機，妳已經攻占了這智商剩不到一半的小智障二分之一的內心了。

接著，第二步，我們要植入你們是情侶的概念，藉此來建立他在同袍之間的威信。

當度過前一週的緊張不適應，大家基本上也都慢慢混熟了，這時候最期待的就是一週後的懇親假。睡覺前大家一邊掛蚊帳一邊聊放假要幹嘛，誰會來懇親，這話題可以他媽的聊一整週。

妳覺得 8+9 鄰兵阿德和 8+9 鄰兵阿義會怎麼聊？

阿德：「幹，林北放假一定愛企鬆一下。」

阿義：「雞掰，林北哪謀七辣一定尬哩作伙。」

阿德：「靠北啊，查埔郎驚三小七辣！？」

阿義：「謀啦，阿伊丟供放假隨咩來尬哇跨咩！」

這對話，其實是阿義在炫耀他有個七辣懇親假就會直接來找他，然後馬上接著去摩鐵瘋狂做愛，不像阿德還要用買的。

這時候阿德看妳家寶貝一臉乖乖牌的樣子，就想轉移尻洗的目標到他身上：「跨哩安捏干在室欸？咩作伙鬆一下謀？」

這時候妳家寶貝靦腆地說：「沒啦，我有朋友要來看我。」阿義一定在旁幫腔：「七辣丟七辣還朋友！？朋哩幾摳懶啦！相片殺來。」

這時候他迫於無奈，拿出妳在入伍前和他合照的拍立得，他戴著著妳送他的雷朋眼鏡，妳穿著熱褲露出性感長腿，不用擔心自己的腿是不是太粗不上相，反正這時候的他們也分不出母豬和貂蟬，上面寫著你們兩個的名字，還貼著愛心水鑽，阿德阿義齊聲大喊：「吼幹還說不是七辣！搞不懂你們大學僧在想三小啦！」

在他們眼中，妳家寶貝頓時從一個小處男，變成一個漂泊的男子。

因為對他們來說，只要貼了愛心水鑽，就是一種承諾。

這時候，他心裡一定會想：「幹你娘送啦！」這意思其實是：「也……也許她真的是我女朋友？」

超級智障，但我們已經有七成把握。

最後一步，就是懇親會。

這天，不要穿什麼氣質長裙小洋裝，反正營區真的超級幹爆熱，熱褲＋無袖，怕曬可以套一件雪紡紗來點若隱若現的感覺。香水一定要噴，但不用太重，淡淡地，對這群聞了兩週鋼盔的臭汗味和鄰兵香港腳臭的男生來說，已經可以完全奪走他們的理智。

見面的時候輕輕勾住他的手臂，問他等一下想去哪裡。八九不離十他會說：

「可……可以先去麥當勞吹冷氣嗎？」

這意思其實是：「想去摩鐵瘋狂做愛。」

It's your call.

最後，要向每個曾經或正在當兵的弟兄說句謝謝，沒有你們傻傻地服從命令守護家園，我們也許不會過著現在這樣安全而舒適的生活。

祝大家懇親假都能去麥當勞吹冷氣。

報告完畢。

撩男曖昧指南

打給厚，貽嘎厚！小妹想向廣大鄉民請教：

如果只是普通朋友的話，有什麼方法可以加溫讓關係有進展嗎？先謝過各位 30cm 跟 E cup 了！

我們認識約半年，這期間私下約的次數約十五次（這是單獨的約，已扣除同事聚餐），約出去最常是看電影，再來就吃飯或逛展覽、逛街、逛夜市。

男生的興趣比較宅取向，平常在家就是打電動或看動漫，但他非常健談，動漫電玩以外的話題也都能聊。我們興趣差很多，因為我完全不看動漫也沒在打電動，雖然這些東西因為我前男友也很愛，所以靠著微薄知識還勉強能聊啦！

他曾經跟我說過，他很少跟興趣這麼不同的人聊這麼多，他交的朋友大部分都是興趣相同的，可以一起聊電競手遊，這點讓我默默挫折，一直很擔心會因此

小生陪你聽

服用此文，請搭配歌曲〈小小蟲〉

演唱人：方大同

被他排除在外。

我們總還是有一搭沒一搭地可以約出來，所有曖昧必經的過程，就是要各種LINE聊啊，但我們完全沒有這個部分。

感覺他很懶得打字，所以LINE聊不太起來，訊息都回得很簡短，完全省話一哥2.0！而且他很珍惜下班後自（電）己（動）的時間，所以反而是上班時間會閒聊嘴砲幾句工作上的幹話。

下班後跟週末我就很少找他聊天，偶爾拍幾張照片跟他分享我在幹嘛，也只會得到「喔」這種句點式的回答。

他有時也會在週末傳一兩張出去吃飯或玩的照片給我，但就是照片丟了後，人又消失。我想多聊幾句時，他恢復省話模式，惜字如金。我都搞不清楚他是真的懶，還是沒那麼想聊，或是沒那麼想跟「我」聊（殘酷重擊心臟！）

而曖昧的另一項重要指標：肢體接觸。這點一樣是零，頂多就是我大笑時會拍他個兩下。

頂多頂多就是有一次出去玩時，在公園坐著休息，他坐得離我很近很近……

但當時是他要現場實況給我看，他跟主管唇槍舌戰的過程，所以坐近一點我才看得到對話內容嘛（但我還是一整個小鹿一頭撞死）。

目前朋友間有兩派意見：一派覺得男女單獨私下約這麼多次，怎麼可能沒意思？另一派則覺得我這麼常主動約他，男生再木頭也會有感覺，所以一定是沒意思在裝傻。

邀約三分之二是我主動，而且其實很常槓龜（再度殘酷心臟重擊）。他很常說懶得出門，或是一口說那電影他沒興趣，就算我說有免費的票，也拐不出來！如果是有意思的對象，應該不會這麼白目地拒絕啊。

所以我也漸漸接受，他把我當普通週末陪吃飯的朋友的事實了，現在是面對事實解決問題的時候了（挺胸）。

請問在男方似乎不太有興趣，而且LINE難聊的狀況下，有什麼方法在朋友之上有更多進展嗎？

主動約久了覺得有點累（絕對不是在抱怨嗚嗚），但不主動就完全沒戲唱也很桑心。

即使私下出來了這麼多次，每次要進行下一個邀約的動作時（語言癌）還是各種掙扎……害怕他沒興趣的不是邀約的行程，而是小妹我（哭）。

而且連著被拒絕幾次後就會陷入負面迴圈很沮喪，我也試過一陣子忍住不找他，一開始這招好像有用，他會自己浮出來，但後來好像也不管用了，而且我也不敢太常這樣，怕一個不小心他就徹底從我人生中fade out嗚嗚嗚。

By 蝴蝶仙子克里希

小妹妳好，我是小生，偶爾客串回文，狩獵妳的男生。

我就不客氣直接說了啦，撩男如果有排位賽。妳一定是最低階的E排。下面是妳文中寫到的各種相處狀況：

我們認識約半年，這期間私下約的次數約十五次（這是單獨的約，已扣除同事聚餐），約出去最常是看電影，再來就吃飯或逛展覽、逛街、逛夜市。

半年十五次，平均一個月二．五次，相當於兩週一次。

這頻率相當之高，妳還可以搞到完全沒有進度，可見妳的套路絕對有問題。

問題在哪直接告訴妳：

妳約出來以後，完全沒有營造曖昧的氛圍。沒錯，曖昧的氛圍不是約出來就跟沼氣一樣自然產生，曖昧氛圍是要營造的。男的不主動女的就要主動，兩個都不主動，那再吃個一百五十次飯也不會吃出娃來。

男生的興趣比較宅取向，平常在家就是打電動或看動漫，但他非常健談，動漫電玩以外的話題也都能聊。我們興趣差很多，因為我完全不看動漫也沒在打電動，雖然這些東西因為我前男友也很愛，所以靠著微薄知識還勉強能聊啦！

他曾經跟我說過，他很少跟興趣這麼不同的人聊這麼多，他交的朋友大部分都是興趣相同的，可以一起聊電競手遊，這點讓我默默挫折，一直很擔心會因此被他排除在外。

別自己嚇自己，去表特版跟八卦版逛逛，宅宅想唬的女生，哪個看起來像是會玩電競手遊的？共同興趣和價值觀絕對不是第一眼吸引男生的要素，但卻是在男生的子孫從大腦退到椎間盤之後，會不會瞬間清醒的關鍵。

「幹我是不是精蟲衝腦了！」身為男生，如果哪一天你突然有這樣的疑問，別懷疑，就是。

話說回來，目前這點看起來是正向的，不同興趣還能聊很多，表示日後越想越不對勁的機會相對小，繼續保持。

所以我們的重點，就是在曖昧氛圍的營造上。

我們總還是有一搭沒一搭地可以約出來，所有曖昧必經的過程，就是要各種LINE聊啊，但我們完全沒有這個部分。感覺他很懶得打字，所以LINE聊不太起來，訊息都回得很簡短，完全省話一哥2.0！而且他很珍惜下班後自（電）己（動）的時間，所以反而是上班時間會閒聊嘴砲幾句工作上的幹話。

下班後跟週末我就很少找他聊天，偶爾拍幾張照片跟他分享我在幹嘛，也只會得到「喔」這種句點式的回答。

他有時也會在週末傳一兩張出去吃飯或玩的照片給我，但就是照片丟了後，人又消失。我想多聊幾句時，他恢復省話模式，惜字如金。我都搞不清楚他是真的懶，還是沒那麼想聊，或是沒那麼想跟「我」聊（殘酷重擊心臟！）

這邊我有點迷惘，妳先說共同興趣不同還能聊很多，但又說他在LINE上惜字如金，姑且假設這男生是面對面才健談的類型，那麼我們的主戰場就在約會的時候。

曖昧的另一項重要指標：肢體接觸。這點一樣是零，頂多就是我大笑時會拍他個兩下。

這點真的不是我要吐槽，拍喜歡的男生兩下，是我小三姪女在做的事。一切曖昧的起點就在於肢體接觸，妳前前後後約會了十五次，就在大笑的時候拍那麼兩下，這在男生看來叫做哥們。

哥們，bro。

容我再提醒妳一次，跟哥們吃個一百五十次飯，也不會吃出娃娃來。請妳展現女生的優勢，善用柔弱的特質。扭轉局勢。

頂多頂多就是有一次出去玩時，在公園坐著休息，他坐得離我很近很近……

但當時是他要現場實況給我看，他跟主管唇槍舌戰的過程，所以坐近一點我才看得到對話內容嘛（但我還是一整個小鹿一頭撞死）。

妳的小鹿死因簡直離奇。

妳說，目前朋友分兩派意見，一派覺得可能有意思，另一派覺得男生在裝傻，而妳認為該是面對事實解決問題的時候了。這是我最欣賞小妹妳的地方了，勇於面對問題，才有進步的空間。

我們先大致分析一下這位電競手遊宅的狀況。

LINE 上省話，可能因為都要忙著打野的關係。但是面對面十分健談，甚至會跟主管唇槍舌戰。從這點看來，是一個據理力爭的男子，也是一個遇到問題就會想要 debug 的理性男。

你們兩個前前後後約會十五次了，新鮮感已經疲乏，相信他拒絕你的頻率在最近一兩個月也是逐漸上升。所以要約第十六次，就必須要有一些前置作業。而在這第十六次，我們要確實地製造出曖昧的沼氣。

不對，曖昧的氛圍。

以確保後續的約會可以更有期待，更加順利。目標在第二十次約會的時候，手到擒來。

整體戰略分成三步驟：抬價↓勾手↓拒絕。

核心觀念就是一個字：「勾」！

1. 抬價

把一個小男生放在一個滿是玩具的房間裡過一陣子，他會開始偏好玩某些玩具，其他玩具則會被他晾在在一旁，這時候如果又放幾個小男生進去，玩那些被他棄置在旁的玩具，小男生會馬上過去想辦法把那些玩具搶回來。

為什麼呢？本來根本不喜歡的東西，為什麼突然在意了？

因為比起擁有，我們更害怕失去。

所以約出妳的小男孩的方法，很多網友包括妳自己，都說對了一半，就是先把自己晾在一邊，放置 play 自己一陣子。

但這樣妳充其量就是個被放在角落的無敵鐵金剛而已。要怎麼讓妳看起來很吸引人？

聰明如妳，應該可以猜到：「沒錯，妳需要加入潛在競爭者。」先找其他男生看電影，再跟他分享劇情：「欸我昨天跟阿德去看了一屍到底超好看，你完全想不到是這樣的走向。」退一步就算沒人跟妳看電影，也要假裝一下有行情：「欸好煩喔，那個阿義又要約我，真的不是很想去。」

妳身邊一定有那種吃很開的女生朋友，動不動就在抱怨男生一直約很煩，可是永遠都有各種男生前仆後繼地邀約。

靠的不是正，就像老店一樣，靠的是排隊的人潮多。

別誤會，我不是說這種女生像老店。我是說，妳好歹弄幾個工讀生來排個隊。別一直直球對決。

有意無意透露妳也有追求者，讓他有一點危機意識，差不多兩週左右追求者的形象也大致成形，再這樣約他：

「欸阿義要約我看厲可拍，我不想跟他看鬼片，你可不可以陪我？」

如果他答應了，那麼，我們就有一成把握。

2. 勾手

所有善於營造曖昧沼氣的男女，都深諳勾勾手的重要性。

在和阿德阿義看電影的這兩到三週之間，妳也要積極備戰。找個懂香水的姐妹，陪你去挑一款香水，不知道怎麼選沒關係，聞起來像廁所清潔劑的優先剔除。選香味比較持久的甜香最穩健。

見面前噴在手腕和脖子，見到面後找個時機開啟話題：「我新買的香水很好聞耶，你要不要聞聞看？」

然後把手腕湊到他鼻子前讓他聞，同時壓抑妳心頭的小鹿。小妹，今天是妳要讓他小鹿亂撞。

讓他聞香水的這個動作至關重要，要先讓他記住這個味道。約會行程最好是傍晚先看電影，看完再去吃晚餐，這樣香水的記憶點才不會被食物沖散。

接下來就像慢跑一樣，謹記三字訣「勾勾放、勾勾放。」

過馬路的時候勾一下他的手臂，大概三十秒過完就放。進電梯人擠人的時候勾一下他的手臂，站定位就放。排隊買電影票的時候勾一下他的手臂，問一下要不要點爆米花，問完就可以放。

如果他都沒有排斥，那恭喜，曖昧的沼氣開始冒出來了。

進了電影院以後，看的是恐怖片嘛，拜託不要再進入 bro 模式，請善用「人家是女生」的特質。

第一個 jump scare 以後假裝很害怕，一隻手伸過去握住他的手掌。如果能輕輕地把他的手拉過來，放在腿上握著，那效果更卓越。直到電影結束都不要放開，那他的手上就會殘留妳的香水味。

他小便時，進到一群臭男生的廁所裡，妳的香水味會讓他特別感到孤單。這時候，仔細觀察他靠近妳那一側的手臂，在人多的地方、在電梯裡、是不是有不自然的僵直？

有的話，順理成章地牽下去。那麼，這男生已經是妳手心裡的玩物了。

妳的小鹿，這時候可以好好撞死了。沒有的話，再重複勾勾放，勾兩次手臂一次故意不勾。等待適合的契機。

真的沒有的話，大叫一聲：「蟑螂！」

總之，第十六次約會，最差最差要勾到手臂。

3.拒絕

如果一切順利，牽手約會個一兩次，你們遲早要確認一下，這段牽手約會的關係到底是什麼關係。

但妳沒有看錯，我要妳拒絕。

如果男生直接告白，或是問：「妳覺得我們是什麼關係？」

那妳一定要回答：「我覺得我們還是當好朋友好了。」

男生一定摸不著頭緒地問：「為什麼？好朋友會牽手嗎？」

這時候，就是妳開條件了：「不知道欸，就覺得你好像比較喜歡遊戲不喜歡我……」

這句話，一定會擊中他 debug 的神經，開始講一堆幹話，像是克里希跟妳當然選妳之類的，聽聽就好，重點還是那樣：「讓他覺得會失去妳，他才會懂得來不易。」

稍微公主一下，「勉為其難」地答應他吧！

回推每個步驟：

如果步驟三是他遲遲沒表態的情況，那妳也要找個牽手逛街的時機說：「我們是不是比較適合當好朋友？」

如果答案是：「為什麼？」那又可以接回上面。

如果答案是：「好像是。」那就可以果斷放生了。

第二糟的情況，他在第二步就像個木頭。那他可能真的比較愛克里希，也可以果斷放生了。

最糟最糟的情況，他從第一步就沒上鉤。那至少妳跟阿德阿義看過電影了。

祝福妳，**不要為了一根木頭，放棄兩根木頭**。

因為比起擁有，
我們更害怕失去。

通往她心裡的路，直騎就對了

也許說出來大家會笑，但也只有在網路上我才敢把這些話講出來。只有隔著電腦才能講真心話不用在意眼光，因為現實中，就算想說也不知道還能對誰說。不知道還有誰聽了不會幫我貼上白癡阿宅的標籤，就算知道這個問題問了很蠢，但我還是希望能得到一點可能的答案。

因為家境不太好，生活費從小就得要自己賺，大學之後在星巴克打工已超過一年。原本我的生活真的很單純，白天上課就已把時間幾乎排滿：晚上和週末都忙著打工賺錢，完全沒有多餘時間、金錢去玩樂、更沒有交過任何女朋友。

正確地說，從國中之後，身邊比較好的同年齡異性朋友都沒有，高中一路到大學班上幾乎沒有女生，也從來沒有參加過任何聯誼活動。大概是平常真的太宅了、假日又都忙打工，同學要去哪裡玩也根本不會想到揪我，打工地方的同事雖然時常約唱歌、看電影，但他們都知道我沒有閒錢，也不想讓我難堪。

小生陪你聽

服用此文，請搭配歌曲〈關於小熊〉

演唱人：蛋堡

就這樣人生二十年過去，我還是連一個可以聊天的女生朋友都沒有，連女生的手都沒有牽過（這輩子唯一一次，大概就是國中時團康活動跳舞吧？）

事實上我不是從來沒有求助過，人際關係的問題我在高中時曾跟導師反應過，說我好像完全不懂如何跟女生相處、不知道該怎麼開口，沒想到那時候老師竟在全班同學（幾乎都是男生）面前公開告訴我，說高中生就是要專心考大學，如果想交女朋友就會跟我一樣考試成績墊底、之後考上私立的爛大學、畢業後二十二K一輩子娶不到老婆，接著就是全班哄堂大笑。

我真的只是想要多了解如何跟女生講話，難道這也算是奢侈的要求嗎？

從那時候開始，我不知道這些話還能跟誰說，比較好的哥兒們我也不想提起這種事，只好用打工、補習、上學填滿我的生活。一路走到現在，如果你覺得好笑你就笑吧！但這就是我的經歷。

原本我真心以為一輩子就會真的像當年老師說的那樣，反正也只考上私立不怎樣的大學，始終都在做最基層的餐飲服務業工讀生，畢業後再怎樣努力薪水也不可能多高、不可能買車買房，家境又不是很好，哪個女生跟我也不可能開心，這樣的條件更是難給小孩子一個好的未來。

於是我早已認命，既然沒有女生會喜歡我，那我也不要自作多情、不要想太多，就這樣過了二十年的人生。

直到去年暑假，有個女同事A調來我們店裡，她比我小一歲，雙子座，個子矮矮的，黑色頭髮披肩，一進來就直接升格為店花，幾乎每個男同事都對她超好，也許這就是正妹的特權吧？

我也有自知之明，知道我根本配不上她，所以這半年來就算同在一個地方工作，每天會講的話可能不超過十個字，甚至刻意不要跟她對到眼神。

對於那種外表超棒、有自信的現充，我更不想被對方看出我的自卑，不只店裡的男同事單身的、已婚的都喜歡A，時常A下班的時候，店門口都有不同車停著等，連我都知道那是追求者搶著當司機。不過奇怪的是，A從來沒有答應讓任何人送她一程，堅持每天都自己搭捷運離開。

直到最近一兩個月，由於工作上需要比較多合作，A和我聊天的機會也多了很多，畢竟這種受歡迎的人，總是跟每個人都能聊起來。而這大概是這十年來我跟女生聊過最頻繁的一段時間，連我自己都嚇到了。

寒假前某次快下班時A問我有沒有女友，我老實告訴她說這輩子都沒交過，她還不相信地說我人那麼好怎麼會沒交過，她也跟我說其實她也沒「正式」交過，因為她媽媽從小就管很嚴，到大學還有門禁、超過九點一定要立刻回家，所以以前國高中都只能偷偷交網友，只要被她媽媽知道問題就會非常大。

我必須承認，她是我人生中第一個「會跟我聊天的女生」，我仍不知道她到底有沒有把我當成朋友，還是她跟每個人都是這樣子，自然地暢所欲言。

然而就在上個禮拜，她突然在臉書敲我，想請我過年後幫一個忙，說她要去一個地方好像是要買東西，但那邊捷運不方便到，想問我有沒有機車？能否下班後順便載她一程？我反射性地問她為什麼不找別人？

她回我因為她覺得我應該可以幫忙，其實我真的很想要答應，如果可以我真的很想載她，有駕照以後還沒載過女生，我好想知道那是什麼感覺。

但回到現實，我只有一台只能腳踩發動、常常顧路的十多年老機車，上大學當時為了打工賺錢，我媽特別拜託車行老闆賣我的一台快要報廢的車。

印象中還分期付款還了三個月，如果我跟其他同學一樣，一上大學就買天鵜、JETS、G6那種漂亮新車就好了。無論要參加聯誼還是載誰當然都有面子，至少不會慘到要考慮車子會不會無法發動、等紅燈熄火就掛掉的窘境。

當然你可以說女生不會想那麼多，或許完全是我自己心理作用在作祟吧。因為她是我現在唯一的異性朋友，是人生中第一個跟我聊天超過十句話的女生，我真心不想讓她對我有負面印象。我真的好怕會失去這個朋友，因為我也許再也找不到願意跟我聊天的對象了。

說實話，我不知道這算不算喜歡。

但反正A也不可能會喜歡我這樣無聊的阿宅，我也更沒那個膽子去追求、去告白，現在我就只想享受開心的打工時光。

如果時間能停留在這一刻，我對人生就別無所求了。

最重要的是，我想冒昧請問各位，到底我應該怎麼做？是要找個理由拒絕A，跟她說我那天沒空、無法送她一程？（雖然她也會知道我一定有空。）

還是硬著頭皮騎老車、祈禱不要熄火，但我自己知道光是每次發動都很囧。特別是現在天氣超冷，每天光是踩發就要快五分鐘。

當然最後還有一個選項是，跟男性朋友借車。至少是一台讓我有自信比較體面的車子，幫助我順利解開人生第一次載人的成就。

要怎麼選比較好呢？

最後，也許在各位眼中我真是宅到無藥可救，或是想要勸我不要當爛好人、虧油錢的司機，說真的那些我全都知道。但這是我這麼久以來，第一次有這樣的機會，就算要說我是傻子，好歹也讓我傻一次吧！

懇請各位給小弟寶貴的意見！

By 追得上風追不到你

兄台你好，我是小生，偶爾客串回文，衝刺你的人生。

每個人的生命中總有一個關於＿＿＿的故事，今天我想說的是一個關於 Joggy 的故事。

Joggy 是我的機車，銀色 Jog，90cc，是老媽買給我的十八歲生日禮物。

拿到行照時，看到他的年次，幾乎快跟我同年了。起步的速度就很慢，就算停在待轉格，一變綠燈就加油門，馬路還沒過完，後面的機車就會一輛輛超過。油門催到底，到七十就維持等速，風吹還會晃，後來時速表乾脆壞了。

冬天的時候他很難發動，夏天的時候，有一次我在四草大橋皮帶斷掉，望著因為熱浪變形的柏油路破口大罵。

不分春秋，他剛起步的時候會冒白煙。每當旁邊有翹管拉風的機車載著正妹，我都不只一次想換掉。

Joggy 外表讓我自卑、速度讓我自卑、性能讓我自卑。沒妹載更讓我自卑。

那時候的我，就跟現在的你一樣。

上了大學，Joggy 跟著我上新竹，我意外發現 Joggy 這種小車在擁擠又狹窄的光復路上特別有優勢。到了一位難求的大遠百附近停車，勁戰一二五可能繞了好幾圈找不到一個位子。我輕輕鬆鬆挪一下就可以停好車。但我還是會下意識自卑地說一句：「不好意思，我的車比較小。」

可能因為我比較帥，所以還沒有被拒搭的經驗。但也許祕訣是我都會在車廂準備一頂備用的安全帽。

習慣他的小和偶爾的凸槌以後，其實沒那麼糟糕，有時候還可以拿來當作自我解嘲的話題。

「怎麼辦？坐烏賊車一直放屁，妳會不會很害羞？」

甚至發現小也有小的好處。

「不好意思，我的車比較小，妳可能要坐前面一點～」

「呀～」（嬌羞靠）

或是引述一些研究結果來支持自己的論點。

「妳知道研究顯示，車越小的人，那個頭越大嗎？」

「下流欸！」（嬌羞拍）

「……我是說，鎖頭越大。」

「是喔？可是我沒看到你有大鎖啊？」

「那麼大的東西，當然要藏在裡面。」

「下流欸！」（嬌羞連拍）

「我是指，車廂裡面……妳到底想到哪裡去了。」

「討厭啦～不跟你說了」

靜靜地，只剩新竹的夜晚和風聲，用一種不疾不徐的速度，在名為青春的路上前進。

Joggy 不說話，但我已經習慣每個女孩的屁股下有他的支撐。有時候他還常常出借給其他同學載妹，顯然他們也發現小有小的好。

Joggy 的坐墊形狀，是各種臀型的疊合。

Joggy 的名字是我和初戀一起取的，我們一起在烈日當空騎上內灣老街，一起在大雨滂沱的回程，共用一件雨衣，狼狽卻滿足地逃回家裡。

她吵著要練騎車，我跟 Joggy 就陪她一起到南寮漁港，四下無人，我坐後座護著她，讓她練騎直線。

還有一次在南部鄉間的產業道路，四周是綠油油的水稻田，她又想練騎直線。我從後環抱，在她耳邊問：

「欸～小姐，請問妳知不知道那條路怎麼走？」

「蛤？哪條路？」
「通往妳心裡的路啊！」
「神經病！」
馬的，明明是很浪漫的問題啊。
畢業後 Joggy 和我回到老家，他卻不知道自己再也沒機會載到那個女孩了。

幾年後，一樣的問題，換個人回答。
「欸～小姐，請問妳知不知道那條路怎麼走？」
「蛤？哪條路？」
「通往妳心裡的路啊！」
「直走！直走！」
告訴我直直走就會到的女孩，前陣子我祝她新婚快樂。
不知道什麼時候開始，有人問我怎麼不換台車，我只是笑著拍拍坐墊說：
「騎久了有感情，捨不得換。」
然後，想起了那首歌：

「千金不換，它已熟悉我的汗，它是我肩膀上的指環。」[1]

Joggy 陪我度過人生最精華的十年青春，參與了我每段歡笑與淚水。

誰說破車載不到女生？他載的不只是人，還有我不斷疊合的回憶，和離座就漸冷的餘溫。

兄台你知道嗎？曾經我跟你一樣，因為破車而自卑。

但後來我發現，**我自卑不是因為車太破，而是因為我不懂接納自己的缺點**。

就像車子太小讓我自卑一樣，接納了以後，我才發現小也有小的好，破也有破的妙。而把缺點變成優點的祕訣，就在於先接納自己的不完美。

你的女孩，如果愛坐的是新車、好車，早就給門口的那些人載走了。你的女孩，如果愛聽的是花言巧語，那早就被其他獻殷勤的同事拐走了。

你不擅言詞，正好凸顯了你的誠實；你的破車，正好凸顯了你的樸實。誠實而樸實的人，他的行為一定比花言巧語的人來得有說服力。勇敢而真誠地答應載她吧！通往她心裡的路，直騎就對了。

也許約在巷口，提醒她你有準備安全帽，不需要多帶。可以的話準備個新的衛生口罩，免得空氣太髒弄花了她的臉頰。

這些行為，你做起來會比其他男生加分喔。

然後你也可以誠實地告訴她，自己騎車時有一個壞習慣。

「什麼壞習慣？」

「就是如果沒有人告訴我要去哪裡，我就會自動導航回自己家。」

（呀～討厭！）

「那……現在要去哪裡？」

「人家也不知道……（羞）」

最後，千萬不要因為別人的話，而滅了自己的志氣。我高中班導師也曾當著全班的面，說我一定考不上國立大學啊。

你知道嗎？讓瞧不起自己的人跌破眼鏡，真的是人生一大樂趣。希望十年後，你也有一台承載著你青春，又讓你捨不得換掉的破車。

「學會念舊，才學會浪漫」。

學會接納，才會開始成長。

註 1.〈你的背包〉，作詞：林夕／作曲：蔡政勳／演唱人：陳奕迅

一個告白，各自表述

各位情聖好！

小弟我想問呢，女生會不會很在意告白？有沒有人是曖昧之後慢慢就在一起，也沒有告白？

我也喜歡這種自然的感覺，個人一直覺得告白是很多餘的，可是前女友就一直要我告白才算是正式交往。

我想問各位女生，妳們覺得告白很重要嗎？還是妳們也比較喜歡慢慢曖昧，然後有一天親吻在一起、大概也知道彼此的心意這種感覺？

By大武山下智久

小生陪你聽

服用此文，請搭配歌曲〈Gee〉

演唱人：少女時代

兄台你好，我是小生，偶爾客串回文，吉白你的人生。

你心中以為的告白，應該是如同偶像劇那般，排場盛大、有煙火、有花、有路人還有朋友客串臨演之類的告白。

這叫做「奢華鋪張」。導致你覺得很麻煩，女森怎麼這麼難搞。

前女友會要求你告白，應該是因為你嘴都親了床也上了，還沒給人家一個名份，所以才會希望你告白。

這叫做「關係確認」。

因為你一直不說到底是什麼關係，所以人家心裡忐忑不安，就算她心裡認定你是男友，可是怎麼知道風流帥氣如你，會不會到處跟別人心意相通？

女生的重點在關係確認，你的重點在奢華鋪張。

一個告白，各自表述，可見你們心意沒有很通啊。

話說回來，「關係確認」這件事情不只女生，男生其實也有很多這樣的需求，太多男女在未確認的關係裡忐忑不安，許了身子許不了終生的所在多有。

許多剪不斷理還亂的官司，更是由於關係未確認所造成。由此可見關係確認之重要性。

且大環境如此蕭條之情形下，一份不願具名的研究報告更顯示：

「陸客不來，不願告白的男女比例也節節攀升。」

不告白，直接導致在餐廳告白的人數大幅下降，衝擊餐飲業告白生意；不告白，更造成男女雙方關係處於未確認狀態，而選擇花費較低的方式約會。

因此大多選擇在家裡附近公園抓抓寶，回家上上床這樣簡單的約會行程，間接導致餐廳週末的業績腰斬，旅遊業的業績更不可與往日榮景相比。

更有業者坦言，不告白的行為導致他們幾乎生存不下去。

不告白，導致旅遊業與餐飲業者損失大量約會財。身為國人，絕不能因為陸客不來就怠慢了內需。

不如，我們化繁為簡以文字代替行動，用一紙契約來搞定告白。

一起來告白救經濟！

吉白合約

本人○○○先生／女士，以下簡稱甲方，

茲以此狀向○○○先生／女士，以下簡稱乙方，

於中華民國＿＿年＿＿月＿＿日，確認彼此雙方為情侶關係，

情侶關係之定義為甲乙雙方所發生下述之情事，於各自之交友圈內均屬契約人所獨有。

1. 交往期間甲乙雙方均同意以下行為是以情侶關係為前提發生：

□牽手（此定義為手掌以任何形式交纏達一秒以上）、

□擁抱（包含搭肩、摟腰、熊抱、公主抱、王子抱……下略）、

□親吻（包含唇對唇、法式舌吻、中式舌吻、台式舌吻、高頻振動舌吻……下略）、

□廣義性交（口交、足交、以手撫弄生殖器致使對方高潮或未高潮、生殖器交合……下略）。

□ 其他＿＿＿＿

2. 交往期間甲乙雙方均同意約會（此指任何甲乙雙方共同出席之場合）之開銷分攤方式為：

□ AA制（此指雙方依照一比一共同分擔總金額）

□ 甲方全額負擔

□ 乙方全額負擔

□ 其他＿＿＿＿

3. 增補條款（由甲乙雙方共同議定後填寫）

甲乙雙方均同意以生命盡頭為終點，維繫此約之有效性，不論生老病死，不論貧窮富有，都願意把對方視為唯一立約人，伴其左右。

然天有不測風雲，人有旦夕禍福。

本合約於雙方協議分手後效力終止，不得繼續發生上述之情事，且不得追究上述條約未竟之責任。

立合約人 甲方＿＿＿＿

乙方＿＿＿＿

P.S. 我決定愛你一萬年

交友軟體有真愛嗎？

去年和交往多年的男友分手，原因是因為不適合。中間經過好長一段恢復期，整天以淚洗面。漸漸走出來以後，才發現因為學生時代因為天天膩在一起的關係（我們同居），身邊的異性朋友十根指頭數得出來，也幾乎都有女友。

想要認識新人，卻因為工作和生活圈的關係根本認識不到。於是我開始迷上交友軟體，一開始用 beetalk，還真的被直白的約炮嚇到了，後來有一陣子迷上 wootalk，以為沒有照片，單純用文字聊天至少可以更看得見彼此的內心，就這樣遇見一個聊得很投機的男生，交換 LINE 後又聊了一陣子，我們見了面，也發生關係，沒想到他很紳士地送我回家之後就從此人間蒸發，那幾天我不斷在線上找他的人，卻一點也找不到，才發現原來文字也是一樣的空虛。

最近用了 BD，一種只能用語音聊天的交友軟體，透過聲音可以聽到更多的情緒與表情，像是剛打招呼時的緊張與期待，或是從講話的語調想像對方的長

小生陪你聽

服用此文，請搭配歌曲〈無底洞〉

演唱人：蔡健雅

相與氣質，彷彿更真實了一些，也真的認識了一個覺得不錯的對象，不管是聊天的話題，或是彼此的默契都很合得來，我們去過同樣的地方旅行，一樣喜歡吃冰，聽過同一場演唱會，也住在同一個城市，一切看起來很美好，但我又不免會想，透過網路，這些默契是不是都可以裝出來？見面以後的對方，是不是又是另一個樣子？

最近對方約見面，原本很期待，但越接近見面的日子，我反而越卻步了。會不會一切都只是自己腦補的想像罷了，見面也只是又一次空虛與失落。交友軟體真的能遇到真愛嗎？還是最後都以失敗收場？

By 迷惘的女子

姑娘妳好，我是小生，偶爾客串回文，點綴妳的人生。

古代的時候，沒有什麼交友軟體，那時候都流行交筆友。我一個強者古人朋友，就靠著一枝筆，深入淺出他筆友，的內心。

他們光是靠一枝筆，就能飽覽名山勝水，看遍風景名勝。有時候又像兩小無猜的小情侶，躲在花前月下的小樓梯口調情。如果放在現代，就算中國完全不輸出觀光客來台灣，他們也可以在日月潭做愛。

誒，扯遠了。總之他和這筆友通信了兩年，他一直相信他遇到真愛，終於有一天筆友寄來一封畫像，和他相約見面。

畫裡是貌若天仙的女子站在蘇州的楊柳邊，朋友整天神魂顛倒，我們都說，那一定是路邊買的美女圖。

這樣的美女每天和有錢的公子哥約會都來不及了，誰會有時間和小城的書生寫信。

為此我們還開了一個賭盤，賭我朋友一定遇到詐騙，賠率竟然高達一比七十三。其實這是兄弟們的一番好意，如果真是個美嬌娘，總要體面地把人家娶進門才是。

到了約定見面的那天，月上柳梢頭，人約黃昏後，醉月樓門口左邊數來第三根柱子，大紅燈籠下站著的不是畫中的美女，而是一個其貌不揚的女人。

我朋友依舊走過去亮出彼此的信物，確認了身分，和她共進晚餐。夾了一塊醉雞到對方碗裡，正當筆友張口欲食，我朋友突然板著臉說：

「妳不是她對吧？」

「你怎麼知道？」

「因為她不吃雞」

「那你幹嘛點？」

「這不是重點！」

「……」

強者我朋友，把她的每個喜好記在腦海裡。這時候，簾子後面走出了畫中的美人，深情地望著他說道；「你果然不是以貌取人，而是真心愛我的！」

故事到這邊，大家都以為是相擁而泣，左轉上樓開房間的結局。但發生在強者我朋友身上卻偏偏不是如此。他砰地一聲把碗拍在桌上，轉頭就走，留下兩個一臉錯愕的女子在原地。

「因為真心被猜忌。」他說。

姑娘，其實不管是筆友還是網友，beetalk 還是 BD，不管是透過文字還是透過聲音，見面前的忐忑，一定是兩個人共有的。會忐忑是因為有期待。

但問題是，妳期待的是什麼呢？

是寂寞太沉重，所以期待有白馬王子自告奮勇解救妳？還是覺得知音難尋，害怕失去後的惋惜？

如果妳只是把交友軟體當作一個排遣寂寞的工具，那妳遇到真愛的機率會和寂寞的程度呈反比。

因為妳喜歡的只是愛情的樣子，任何人都可以給妳。但歡愉過後的空洞只會更大，更需要填補。填不滿又掏不空的從來不是愛，而是寂寞。

「從寂寞出發找愛，又怎麼能看清愛的面貌？」

如果妳是害怕知音難尋，那我想他也有相同的緊張。而不管是透過聲音或是透過文字，見面和網路上的落差是不可避免的。這就需要兩個人從互動中調適。

如果這時候妳隔著一層寂寞的面紗，一開始就忙著調情，又怎麼看得到那些不適合的細節？

或者妳自己也有太多的偽裝，那相處後的真相又怎麼不讓人慌張？

想要遇到真愛，首先妳也要帶著真心才行。也許給自己一個原則與界線，例如：「約會三次再考慮交往。」在這之前都是朋友般的互動與觀察，真誠相待。

「保持一點距離，才能看到真心。靠得太近，只能看到內衣。」

祝妳遇見真心，遇見愛。

填不滿又掏不空的從來不是愛，
而是寂寞。

心碎漂流木

大家好，第一次來PTT首度發文，手機發文可能在排版上沒有那麼好，請見諒。

應該大家都有遇過漂流木吧？不論是自己成為了，還是在漩渦中緊緊地抓住了一根漂流木。

面對前任的傷害，卻因為自己深愛著而持續包容，明明分開了卻還是放不下，常常被對方拉扯著，甚至開始跟家人衝撞，義無反顧地朝著心的方向去，然後走得遍體鱗傷。

一路上有一根漂流木陪著你面對，你總是問著：「我這樣真的好嗎？」、「我這樣對嗎？」這樣的你，慢慢地在漂流木面前卸下武裝，讓對方知道大部分人都不知道的祕密。而這樣的漂流木，慢慢地因為心疼起了心理的化學變化。

小弟其實是先喜歡上對方，才成為漂流木。而她每一次卸下自己的武裝，我

小生陪你聽

服用此文，請搭配歌曲〈離心力〉

演唱人：楊乃文

又會更喜歡一點。所以很想知道大家怎麼看待這樣的關係？感謝大家看完。

By 隨波漂流的浮木

兄台你好，我是小生，偶爾客串回文，漂流你的人生。

好像自古以來，蹲在河邊總能觀察到很多人生哲理。我有一個擅長觀察小魚的朋友，看到小魚在河裡逆流而上，覺得人生就該奮發圖強，於是就統治了某個小島好一陣子。

但是在河邊看到樹枝和木頭從上游漂下來，通常是山洪爆發的前兆，你還能抒發感想，實屬難得。

席慕蓉說過：「如何讓我遇見你，在我最美麗的時刻。」最美好的邂逅，肯定是在各自最美麗的時候。

然而人生總是不如詩，很多的相遇，總是在彼此最低潮的時候。相比於在上游觀察小魚、在中游觀察漂流木，我比較喜歡在潮間帶觀察生態。

有一次退潮的時候，我在一處淺窪看到兩條魚。一條淡水魚、一條鹹水魚，兩條魚都不會轉彎，所以退潮的時候就困在這裡了。

當時日正當中，珊瑚礁所形成淺淺的水窪幾乎被蒸發乾涸，兩隻魚只能互吐口水在對方身上，希望能撐到下一次漲潮。眼神征征地望著對方，彷彿有著你死了我也不會獨活的覺悟。

我看了覺得可憐，便把他們撈起來帶到出海口放生，同時有一點私心，覺得兩條魚肯定能患難見真情，結果一到水中，淡水魚游回河裡，鹹水魚游回海裡。

「相濡以沫，相忘於江湖。」

兄台，很多時候，惺惺相惜、相濡以沫的革命情感，都是在特定的環境條件下才生成的。譬如一處淺窪，譬如一道湍急的河流。如果本質上的你們是河與海的差別，那過了那個階段，終究也只能漸行漸遠。

潮漲了，吐水的魚魚自然要道別。潮退了，沒穿褲子的總歸要上岸。

上岸以後，總會結束漂流。

所以你問大家如何看待這段關係，不如先問問自己如何看待彼此。你耽溺的是當下的陪伴？還是往後的擁有？

如果你享受當下的陪伴，那就別想太多，順著情緒走，好好地在當下及時行樂，到了出海口就目送對方上岸。

如果你想要擁有從今往後，那你要當的不能只是一株載浮載沉的漂流木。

試著讓彼此離開那種互舔傷口的狀態，才能看見對方真實的樣貌。

不一定美麗，但至少能幫助自己做決定。

最後，席慕蓉在佛前求了五百年的塵緣，化為一株菩提，等在伊人每天必經的路上，只換得一眼回眸，和一地心碎的花落。

求了五百年，忘了告訴佛祖要把自己變成人。寧可實際一點當個人，雖然不如菩提美麗，至少還有打招呼的權利。

「太浪漫的故事，大多來自於錯估的現實。」

試著讓彼此離開那種互舔傷口的狀態，才能看見對方真實的樣貌。

麵包跟愛情，只能二選一？

最近看了小時光麵館的一段影片很有感觸，大意是兩個生活方式不同的人，在同一個地方相遇的故事。

一個人生活規律，不變單一。一個人生活豐富，變化多端。

當下看完有種熟悉的感覺，後來才發覺，是因為跟我近期來往的兩位男生，狀況有點相似。

男生都有一定年紀，我們都不是很好認識異性的學生時期了，所以我想會頻繁來往的原因，也醉翁之意不在酒，也因此我也不想再浪費另一方的時間。想問問看如果是大家，會怎麼做選擇？

我跟他們相處也都還在朋友階段，雖然近期常常見面，但都沒有逾矩過。

首先是A男。

小生陪你聽

服用此文，請搭配歌曲〈連名帶姓〉

演唱人：張惠妹

是標準的理組男生，學生時代就認識的朋友，幾乎有著我認識的大部分理組男身上有的所有特點，生活講求條理，重理性大於感性，週一到週五規律上班，工作穩定緩步升遷，週末如果沒朋友約，不會主動外出，幾乎都在家休息。

也因為這樣，跟他出門幾乎都是我約比較多，行程也多是由我決定，他陪同。外出時餐費也是每餐ＡＡ自行負擔，唯一嗜好就是打球跟看ＮＢＡ。

然後因為認識很久，有去過幾次他家，就是一個枕頭跟棉被折得方方正正的男生，據他說是每天起床都會花時間折成這樣，如果是我寧願多睡五分鐘吧。

整體相處起來沒包袱，也沒什麼爭吵，但有點像是在面對Siri，大小事上完全可以預期他的反應，永遠不會有什麼出乎預料的情緒發展，有點像是在公事公辦。然後收入不錯，就是一般大家想像得到的高薪理組男，在雙方都沒變心或摩擦的前提下，幾乎可以預知到跟A男很有可能是有穩定未來的。

我的家人一直不斷說他好話，只是我自己知道，如果在一起的話，雖然他是個值得信任、相處舒服、在他身邊很安心的男生。但就真的很無趣，說不定某年某月有了小孩，女兒還會講說不想跟爸爸講話的那種無趣。

另一個是B男。

因為以前工作往來，所以也認識一段時間，從我們認識的過程大概可以知道他的個性。我是一個不太會去交新朋友的人，當初B男從Skype或LINE裡三不五時打哈哈，到多次主動約外出，從公事討論到看電影慢慢熟識。

會開始深交可以說完全是由B男主動。也慢慢產生好感。如果要形容B男，大概就是那種學生時代那種很會玩的文組男生，個性上像個大男孩，又有種神祕的新奇感，上一秒可以在陌生人面前正正經經，下一秒又可以立刻耍賴開玩笑，在他身邊不會無聊的那種人，永遠會有新點子跟新去處。

生活上也是很Free跟隨性的人，家裡有養過一堆寵物，烏龜、魚、貓、狗等等都有，據他說都是那陣子突然覺得很想養就養了。

就是真的實踐力很高。出門的時候也是一大堆口袋名單，就算不先規劃好，只要到了地點他都會有辦法。如果用剛剛跟A男外出吃飯AA的例子來說，跟B男外出就是互相每餐輪流互請，不會刻意計算花費的金額。

可能今天午餐我請兩人才兩百元，下次晚餐換他請時兩人變成共五、六百元。有時候我請多有時候他請多，沒有特意安排，也不會為了餐錢糾結。

唯一的缺點就是：

如果以一般人的觀點來看，B男工作上算比較不穩定。從我認識他開始到現在，已經陸續換了好幾份工作。大部分都是因為工作到一個段落，覺得想休息一陣子出國充電。

不過可能B男本身對自己就很會包裝或也算見多識廣？所以待遇也一份比一份高，當然還是輸A男。對於生活，B男的態度偏向過一年是一年，沒有什麼太長遠的目標，就是專注好現在過得舒服，所以也一直都沒什麼存款，存到就花掉這樣。

兩個人都有吸引我的地方，一個相處舒適，一個相處開心但A男絕對會……很無聊，B男則是相處起來相對有趣，但會擔心他的不穩定。

如果身邊的對象是兩種人，皆沒有任何不良嗜好。請問大家會怎麼選擇呢？

By有選擇困難的芮

姑娘妳好，我是小生，偶爾客串回文，點綴妳的人生。

張愛玲曾經開了這樣子的地圖炮：「也許每一個男子全都有過這樣的兩個女人，至少兩個。娶了紅玫瑰，久而久之，紅的變了牆上的一抹蚊子血，白的還是『床前明月光』；娶了白玫瑰，白的便是衣服上沾的一粒飯黏子，紅的卻是心口上一顆硃砂痣。」

如果她敢在PTT發這篇文，早就被戰翻了。但話又說回來，如果她有看PTT，就知道我們男人不是這樣子的。

我們男人，很簡單。如果妳給我們一個ABCD四個選項的單選題，**答案，永遠是D**。

可見愛玲姐，把女人獨有的煩惱加諸在男人身上了。

扯遠了，最近喜歡幫人造夢，我們就來夢夢妳做選擇後的人生吧！

就是個腦補的故事，妳大概參考看看：

時間大約是夏末，在親戚朋友軟硬兼施之下，妳似乎漸漸明白，支撐起婚姻的棟梁是麵包。也和理組男越走越近。

終於在某個星期六晚上，理組男帶妳去一間高檔餐廳，一進門妳就知道這是他準備的驚喜，因為妳在遠遠的邊桌就看到了假裝不認識妳的好閨密。

果然一切如妳所料，鑽戒分秒不差地在甜點時間出現，閨密幫忙掌鏡，四周都是妳的朋友與家人，因為妳說過，如果求婚的話希望朋友家人都在場，所以理組男就包場準備了這個毫無意外的驚喜。

妳含淚點頭答應，但鏡頭沒有錄下迴盪在妳心底的空虛。妳甚至感到害怕，說不定眼淚就是因為害怕流的，因為妳剛剛預見了一直到死前的所有生活。

妳覺得妳嫁給了一座墳墓，墓碑就是他每天起床要花五分鐘折的豆腐。妳心底出現文組男的臉，妳想起他的魚呀貓呀狗呀還有烏龜，「我可以做一隻雲雀嗎？然後你做我的山谷。」

這麼風雅的比喻，再也無從對人說。

婚後的生活果然如妳所料，可怕的是你們的性生活也都算準準地在排卵期前後按表操課。

「這個月又沒有懷孕啊，root cause 到底是什麼呢？」

「……」

妳受夠了他講話總是要帶幾個工作上的英文術語，這算哪門子的英文？難道他不懂得說一些 fast and furious，為生活帶來一點素肚與激情嗎？

啊是速度，typo！

理工男分析了很多很多可能的原因，但就是沒有發現妳藏在包包裡的避孕藥。那像是一道護身符，保護妳自己不向命運妥協，維護妳身為女人的自尊，至少妳可以拒絕做生育的工具。

不過除此之外，和理工男結婚還是有諸多好處，妳可以不用工作，老公的薪水都歸妳管，每天睡到自然醒，下午上健身房，週末和閨密們喝下午茶的時候，大家都羨慕妳有一個高薪又寵妳的老公。

但妳的婚姻就像偌大的皇宮，空洞得只剩自己的回音。

妳開始發現，撐起婚姻的如果只有麵包，那終究只是一座徒有其表的空城。

妳又開始懷念起文組男，美好的愛情本該多變，麵包夠吃就好不是嗎？於是妳開始打探文組男的消息，處心積慮地接近。

也很精彩的你 不甘寂寞
這圈子不太大 多少聽說
欣賞你流浪 像是種信仰

我真這麼想

兩年後妳決定離婚，追隨妳的信仰。

離婚後妳約了文組男出來喝一杯，訴說這一年守活寡的感慨，文組男推一推他好看的手工眼鏡，說本來就不覺得妳真的愛他，還說離過婚的女人有一種獨特的魅力。

接著他問妳想不想明天一起吃早餐，妳假裝聽不懂他的邀約，又抿了一口酒。酒過三巡，妳回到他的租屋處，忠孝敦化站附近一間裝潢頗具時尚感的一房一廳物件，還有個落地窗大陽台，陽台上的鳥籠恰巧養著他的新寵雲雀。

可想而知他最近過得不錯，妳笑著說怎麼這麼巧你也養雲雀，然後他的唇就吻上妳的。

妳忘記做了幾次，有在陽台的，有在床上的。

但妳只記得昏迷前他對妳說：

"Good night, good night! Parting is such sweet sorrow,
That I shall say good night till it be morrow."

「蛤～你不要說英文人家聽不懂啦。」

「拜託這是羅密歐與茱麗葉的經典台詞欸。」

「喔幹～你好有文學氣息喔。」

「沒什麼啦，我剛滑手機的時候估狗的。」

「還是比我前夫浪漫啊，他整天只會 concern 這個那個 issue，請誰誰誰下個 comment 無聊死了。」

那天起，你們就展開了同居生活。一年兩年過去，即使妳發現他幾乎把所有的薪水花在租那間貴得離譜的房子，妳還是每天期待著他向妳求婚的那天。

妳甚至開始想像你們要生一男一女，於是開始敦促他要有上進心。這甚至變成你們總是吵架的老問題，閨密的下午茶也變成妳的訴苦大會。

妳開始發現即使妳說不介意，他總是挑安全期做愛，並且全程戴套。一開始的激情已經變成交作業般的敷衍，妳開始擔心自己已經過了適合生育的年齡。某天夜裡妳被文組男的鼾聲吵醒，發現他手機亮著一個女子訊息：「寶貝好想你」。

妳假裝沒有看見，但眼淚還是誠實地濕了枕頭。妳發現，或許妳就像是文組男的魚啦貓啦狗啦烏龜啦，一**時興起的豢養，膩了就追逐別的目標**。

這段半死不活的感情，又讓妳蹉跎了半年才徹底結束。妳開始疑惑到底什麼是愛？愛情跟麵包既然不可兼得，那我就好好愛自己。於是妳開始相信自己可以孤單一輩子。但還是四處張望。

直到有一天，妳的臉書無意間跳出一張相片。是前夫帶著現任太太以及三歲大的女兒參加公司家庭日的照片，照片裡的前夫站在中間，應該已經是大主管，他明顯發福許多，一家三口笑得好開心。

妳又想起了阿妹的那首歌：「再被你提起，已是連名帶姓」。

他們公司什麼時候有家庭日的？那女人憑什麼奪走本該屬於我的幸福？為什麼兩個最熟悉的選擇，都變成最陌生的路人？

姑娘妳知道嗎？**「就憑她不會吃碗裡看碗外。」**

麵包跟愛情從來不是二選一。就看妳願不願意一起經營，而不是單方面一味的要求。祝福妳，不要實現這個夢境。

愛後加映

擇你所愛，很難嗎？

我們的人生常常在做選擇，但是選擇不一定是正確的。

有些女孩追求者明明很多，但偏偏會挑中最不怎樣的一個。有些女孩就算只有二選一，還是會選到劈腿渣男。

號稱理性思考的男人也沒有好到哪裡去，選了奶大的抱怨人家脾氣差；選了自己愛的，而不是愛自己的，天天抱怨自己是馬子狗。

於是我們嘆氣：「唉，為什麼我眼光這麼不好。」

我認為眼光依交往前後分成兩種層次。

交往前的眼光，是看人的眼光。

交往後的眼光，是包容與珍惜的眼光。

交往前——看人的眼光

你有沒有算過，跟對方約會幾次後在一起？

通訊軟體發達的現在，在LINE裡面曖昧、睡前聊語音、一起玩遊戲，好像就可以培養出甜蜜的感覺。見面約會個一兩次，沒意外就可以在一起了，手腳快一點搞不好第一次見面就上床。

講究懶人包的時代，認識一個人的方式也變得簡單了。

但單憑這些片面的資訊，你真的夠了解對方嗎？

不要忘記，約會的時候我們都會盡量呈現最好的一面給對方看，魔鬼藏在細節裡，細節裡又住著魔鬼，要認識一個人，沒有多約會個幾次很難稱得上客觀。

一個男人對妳好不好，不是看他願不願意帶妳去吃大餐，而是在繞了半天找不到像樣的餐廳可以吃的時候，他能不能怡然自得地找個路邊的麵攤，擦一擦湯匙筷子告訴妳：「這家還滿乾淨的啊！巷子內美食耶，先簡單吃點，我們晚點吃好料的！」

外面下著雨，屋簷底下的桌子不時會滴到雨水，這種不講究的約會場景，偏偏妳受到他感染，挑了靠外側的位置，笑得很開心：「你看我妝都花了！」「咦？有嗎？我看不出來啊！」幾年後妳才發現那晚打動妳的不是他懂得裝傻的貼心，而是真的眼殘的大近視。

誰會想到在這樣的相處過程中，妳發現這男生有不錯的應變能力，而他也注意到妳不是公主。逆境下的約會，反而有加分的結果。

各種情境下的他都看過了，妳心中才會有一個客觀的評價。

於是有很多人會問我，到底約會幾次才算合格？

請記住**「五次約會法則」**，至少要一起出去約會過五次以後，才評估這個人值不值得在一起。

什麼？一個禮拜見五次面？

不錯，妳真是很懂得舉一反三的小壞蛋。

找一個人過一輩子，稍微慢一下子，無妨。

交往後——包容的眼光

我們幾個要好的大學同學畢業後，一年總要趁著聖誕節的時候聚個餐。因為只有那時候搬到美國去的皓哥才會回台灣，幾個宅男才有動力出門。

久而久之這也變成我們之間的習俗了，隨著年紀越大，聚餐的地方已經漸漸變成親子餐廳。

風哥這個人不簡單，明明是工程師，卻多才多藝會彈琴會煮菜。

風哥老婆穎穎更不簡單，明明是彈得一手好琴的音樂系才女，卻總是能夠理性地分析各種感情問題，人稱女版小生。

那年聖誕節我們約在韓城石頭火鍋，大家正在分析我為什麼喜歡瓶子。我被拆解得瑟瑟發抖，油條煮爛了都還不敢夾。

我不服：「那妳為什麼跟風哥在一起？」

只見穎穎夾了一塊凍豆腐不疾不徐地說：「我這個人很簡單，我的心裡有一張表單，哪些是一定要有的優點，哪些是不能忍受的缺點，在遇見他時，一個一個去勾。」

「我記得我和他第一次出去旅行的晚上，他在被子裡放了一個屁，超臭的那種，我這輩子最不能忍受的就是放屁不講，你能想像他在第一次旅行的第一個晚上就放屁不講嗎！兩個人的第一晚就這樣毀了！」

「幹～當時講我要放屁超級尷尬吧！！」剝蝦殼剝到一半的風哥毫無反擊的能力。

「但是轉念一想，他很優秀、又貼心、能聽得懂我談的琴，也支持我走我想走的路，大方向對了，小地方就不用太去在意了。」

「哼，想不到妳是這種隨意竄改考卷內容的人。」此時我夾起了老油條，冷哼一聲。

幸福本來就不是一張考卷，而是有個人出現在你面前，你就知道他是答案。

也許一開始你們會奉行五次約會法則。

也許一開始你們拿著一張表格在每個項目前的方格打上勾勾叉叉。

然後會有那麼一個時刻，某個欄位上面被你畫了一個叉。

於是你回頭看看整張考卷，發現和打勾的部分相比，那些打叉的部分好像放屁一樣不足掛齒。

也許他就是答案。

用理性的眼光選擇交往的對象，用包容與珍惜的眼光愛著你選的幸福。

幸福就是這麼一回事吧。

幸福本來就不是一張考卷，

而是有個人出現在你面前，你就知道他是答案。

愛情裡的供給與需求，
一直是一種雙向的動態平衡。

被需要，很重要。

因為被需要，我們產生了牽絆。
因為牽絆，我們互相豢養。
然後成為了一家人。

輯二

小王子與玫瑰

小生
會客室

被需要，很重要

在愛情裡，你是被愛的，還是不求回報付出的？

有一種愛情，是過盡千帆。

被愛的人自顧自地走在前頭，飽覽風景。

世界很大，沒有人可以決定她的方向。

春天的時候想遠航，就到渡口揚帆。冬天的時候想回航，就有停泊的港灣。

有另一種愛情，卻是亦步亦趨。

也許你不會注意，但有個人在你想冒險的時候，化作一艘小船；在你疲憊不堪的回航時，成為你最溫柔的港灣。

直到有一天那個人累得跟不上你的腳步，驀然回首的你才發現，原來你的冒險，是因為有他的後勤。

但來時路早已不見人影。

常常遇到這樣的大哉問：「你喜歡愛人，還是被愛？」好像一段關係裡，選了愛人就不能被愛，選擇被愛就不能愛人。

但最近我認為，小孩子才做選擇。

付出久了得不到回饋，就會產生疲憊。

被愛久了沒有付出，就會覺得感情空空的找不到方向。

愛情裡的供給與需求，一直是一種雙向的動態平衡。

不見得是對方出一千塊吃飯就要回請一千，這麼一板一眼的互相，而是對方請吃飯你可以做家事回報，或是一頓撒嬌或甜言蜜語都好。

這是一種確認彼此在愛情裡被需要的方式，看起來稀鬆平常，忽略了卻容易變成不斷累積的不安。

被需要，很重要。

因為被需要，我們產生了牽絆。

因為牽絆，我們互相豢養。然後成為了一家人。

這一章，講的是相處上的各種小事。

這些小事就這樣羅織在我們的生活之中，甜蜜的、默契的，像針線一般讓我們更緊密，遇到了障礙或不快，換個角度思考，就像繞過一座山，會有豁然開朗的風景。

比起穿針引線的默契，我更覺得換個角度思考的幽默感，是感情裡必要的潤滑劑呢。

滑起來，各位。

男和女的真心話大冒險

By 詞窮的小王子

想請問大家，另一半的哪些問題對你來說是陷阱？
就是那些你怎樣回答都好像不妥的問題。例如：
我的朋友正嗎？
今天我有什麼不同？
有沒有覺得我胖了？
你喜歡我什麼？
各位還有想到什麼？

小生陪你聽
服用此文，請搭配歌曲〈可愛女人〉
演唱人：周杰倫

兄台你好，我是小生，偶爾客串回文，簡答你的人生。

女友的問題總是千奇百怪，而且永遠沒有標準答案，每一個簡短的問句裡，其實都埋藏著凶狠的伏筆。

女友的問題，像是美麗的熱帶雨林中一條蜿蜒的小河，大意地靠近、恣意地嬉鬧，下一秒可能就會被暴起的鱷魚一口吞下。

妳說我諷刺妳像鱷魚？

不不不，我說妳是美麗的熱帶雨林呀~是妳的問題像鱷魚。

什麼？我哪有說妳有問題？不是，是妳的問題。

什麼到底是我有問題還妳有問題？

是，都是我的問題。是我有問題。

兄台，你是不是也像我一樣，在太陽下低頭？是不是常常不知道如何應付各種鱷魚？

不對，是問題。

以下整理一份簡短的題庫，和應對心得，供你參考：

1. 你覺得我今天看起來哪裡不一樣？
2. 如果哪天我們分手了，你會把我追回來嗎？
3. 你相信男女之間有純友誼嗎？
4. 你有想像過會有今天嗎？
5. 你會介意我在你之前有過別人嗎？
6. 你會偶爾想起前女友嗎？
7. 如果我跟你媽掉進水裡，你會先救誰？
8. 如果哪天你愛上別人了會告訴我嗎？
9. 其實你到底喜歡我哪一點？

這女友九問，看似平淡無奇，其實招招蘊含殺機，我們簡稱為**「九種弄死男友的方法」**。

年輕的時候我不小心答錯，後來就只剩左手了。你問我右手怎麼了？它要握滑鼠，我想你懂的。

1.你覺得我今天看起來哪裡不一樣？

其實我們都知道，女友這樣問是想要追尋一種被拆穿的小默契和小確幸。

問題是，你們心中預設好的那個答案，跟我們看到的常常都不會一樣。所以就會有以下狀況：

耳環？（不對，再猜）

眉毛妳修眉毛了對吧！（哪有～你都沒注意人家）

我知道了！妳長痘痘了對吧！等一下去買痘貼！（不是啦吼唷～～我懷疑你真的愛我嗎！）

所有問題裡面，大家來找碴是最可怕的一種。

後來乾脆這樣回：

「氣色吧？妳今天氣色很好喔！」

「真的嗎？」

「真的啊！昨天看妳印堂發黑，沒想到今天還活著。」

「……」

2.如果哪天我們分手了，你會把我追回來嗎？

為了表示果決，小部分的人會回答「不會。」

為了表示深情，大部分的人都會回答「會啊！」

最痛苦的莫過於回答會，結果被分手之後還真的跑去挽回，拿著曾經的誓言質問她怎麼變了，換來的只是冷若寒霜的回應。

這種預設立場的問題邪惡之處在於，不管回答是會或不會，都已經默許了有一天會分手的可能。

潛意識兩個人就做好了分手的心理準備，等真的遇到了，心理就覺得不證自明，冥冥中原來都註定好了。

屁，明明就是嘴賤而已。

下次遇到這種問題，請回答：「我從來沒想過我們會分手。」

「可是萬一、萬一……」

「傻瓜，別想太多好嗎？」

別忘記那句老話，女生被叫傻瓜，智力先降二十趴。

3. 你相信男女之間會有純友誼嗎？

這問題曖昧的男女問起來很有情趣，從女友嘴巴說出來就很可怕了。到底是她身邊最近有蒼蠅、還是想跟你回到純友誼關係，抑或是在試探你對異性的底線？

回答有，怕她以後不管跟阿德阿翔阿翰阿貓阿狗出門，都拿這句話堵你，回答沒有，又怕被嫌EQ太低，然後拿一堆例子反駁。

後來乾脆把球反殺回去：「妳覺得呢？」

其實我覺得，只要有一方先動心，友誼就不純了，不是嗎？

4. 你有想像過會有今天嗎？

這個問題還算好回答，因為通常發生都是在踩到壘包的時候。

不小心就牽了手，你有想像過會有今天嗎？

不小心抱在一起，你有想像過會有今天嗎？

不小心接吻喇記，你有想像過會有今天嗎？

不小心就滑進去，你有想像過會有今天嗎？

老實說，不管男生的回答是有還是沒有。不管妳是在哪一個壘包上問這個問題。我們早就把各種姿勢都想過不下百遍了。

5. 你會介意我在你之前有過別人嗎？

其實不管男生女生，要說完全不介意那是不可能的。但介意絕對不代表是壞事。過去結束的原因我們介意，因為我們害怕重新走上舊路。

過去累積的美好我們介意，因為我們未曾參與妳的那些快樂時光。

我們擔心自己不能給妳同等或更大的快樂，一如妳問這問題的原因，其實源自於妳好不容易再次相信愛情的不自信。

既然我們對這段感情都這麼如履薄冰地珍視著，我會說：**「讓我們且走且珍惜，好嗎？」**

6. 你會偶爾想起前女友嗎？（哼，這題根本送分）

會，做惡夢的時候。

所以如果我跟你分手了，你想到我都會是不好的，嗚嗚嗚嗚嗚（就知道會來這招）。

我從來沒有想過我們會分手。（參考題 2）

可是萬一、萬一……

「傻瓜，別想太多，好嗎？」你懂的，就像那句老話說的，女孩被叫傻瓜，智力先降二十趴。

7. 如果我跟你媽掉進水裡，你會先救誰？

親愛的，這題好像回答過囉，請爬文謝謝。

或參考《然後，我們都懂了》，書裡面也有答案。

8. 如果哪天你愛上別人了會告訴我嗎？

這問題跟「如果哪天你不愛我了，你會讓我知道嗎？」都歸類在同一類。明知故問那一類。

你會吃飽沒事幹突然說：「嘿～我愛上別人囉。」當然不會，除非你真的很白目。其實，不管愛上別人還是不愛對方，都不是一覺醒來突然發生的事。而是很多瑣碎的日常，累加而成的結論。

所以，當我們終於決定鼓起勇氣說：「我不愛妳了」，妳的反應一定不如當初笑著說：「一定要告訴我喔~」那樣的豁達、大度。

大部分得到的回應都是：「你為什麼現在才告訴我？」

為什麼現在才告訴我？在我慢慢拋棄一切自尊愛上你以後。

為什麼現在才告訴我？在我努力忽視那些暗處的伏線的時候。

為什麼現在才告訴我？在我努力修補每一個可能的缺口的時候。

為什麼現在才告訴我？為什麼？

「不愛了，是每一個為什麼的原委。」

9.其實你到底喜歡我哪一點？

矮唷，不錯喔~

這個問題，我想沒有人可以回答得比周董好了。

因為妳是，可愛女人。

是責任還是愛？

責任算是一種愛嗎？

有沒有人遇過或身邊有這種狀況的情侶或夫妻，兩個人因為互相喜歡在一起，但日子久了有一方只因為責任，不是因為愛。

但另一半是愛他的，沒有熱戀就是平平淡淡的這樣，因為覺得在一起久了所以需要對另外一半負責，不會主動提分手，凡事還就順著另一半該做的都會做，但也不會主動想為另一半做些什麼，然後因為責任而結婚，就這樣過下半輩子。

會這樣說是覺得，如果是因為責任而覺得需要對另一半負責，不就錯過了可以遇到自己真愛的機會了嗎？

且這樣對另一半是不是也不公平……。

By 還在整理花瓣的玫瑰

小生陪你聽

服用此文，請搭配歌曲〈頭仔〉

演唱人：江蕙

姑娘妳好，我是小生，偶爾客串回文，點綴妳的人生。

從妳的文字我猜想妳應該是感覺到平淡的那一半。回答這個問題之前，妳應該問問自己，什麼是愛？妳心裡以為的那個愛是什麼樣子？

以前去修孔子的課，他老人家就說過：三十而立，四十而不惑，五十而知天命，六十而耳順，七十而從心所欲，不踰矩。

從這段話妳就可以知道，人是會變的。

每個階段的想法和眼界乃至於需求都不相同。

一個人如此，更何況兩個人之間的關係。

二十歲的愛，是風是火，是願意把自己燒成灰燼成為他的生命。

三十歲的愛，是一彎溪流，有波折的溪石，也有絕美的景色，但總能夠找到流向。

四十歲的愛，是一幢小屋，擋風遮雨，也能坐看天晴。

五十歲的愛，是在日落黃昏後，顧盼牽手走過的曾經。

六十歲的愛，是在歲月靜好的星夜，期待明天的早晨。

愛從來不會消失，而是妳願不願意接受它是會演進的。

愛會隨著妳和他的成長與改變，而有所不同。在四十歲的小屋裡找二十歲的愛，那不把屋子燒了才怪。

很多婚外情不就是如此嗎？在該坐看星夜的年紀還在勉力維持一幢家居，這不是累壞自己的身心嗎？

姑娘，想要和需要很不同。

只有先認清了自己所屬的階段，明白自己需要的是哪種愛，想要的又是哪種愛，妳才能進一步地問愛和責任有什麼不同。

在三十歲的愛裡看著二十歲的愛情，盡著三十歲的責任，那不是對方的問題，而是妳沒有認清自己的需求。所以無法全心地為彼此付出。

但真的去追尋一段風風火火的愛情，妳又會在過程中感到疲憊，然後在只剩餘燼的時候感到惋惜。

「如果定義的愛只有一種模式，那妳會永遠都在找愛。」

因為妳沒有隨著年齡的增長，正視自己對愛的需求。因為妳沒有隨著愛情的演進，同步提升妳的眼界與身心。一直停留在對於燦爛年華的憧憬，根本不夠對自己負責。如果對自己都無法負責，又談何對愛盡責？

祝福妳，看見妳的溪流，牽起妳的日落，坐看歲月靜好。還有每個晨曦。

如果定義的愛只有一種模式，
那會永遠都在找愛。

發現男友偷偷打手槍，哭了

今天聊天的時候得知男友會自慰，我很難過地哭了。
因為覺得已經有女友還會看Ａ片是很變態的行為，是不是因為他不夠愛我才這樣呢？
但又聽朋友說男生這樣很正常，請問該怎麼調適心情？

By 純潔的白玫瑰

姑娘妳好，我是小生，偶爾客串回文，開導妳的人生。
有一些滋味，譬如苦瓜，要長大後才懂得品嘗。

小生陪你聽

服用此文， 請搭配歌曲〈明明就〉

演唱人：周杰倫

性愛也是如此，總要到了一定的年紀，才能初嘗禁果的美好。而在那之前陪伴男人的，大多是我們的左手。

畢竟，右手要負責握滑鼠控場。

妳是否曾仔細撫摸過男友的雙手？有機會的話摸摸看，妳會發現在指節下方有一層繭。男友也許會憨笑著對妳說：「那是以前當兵拉單槓造成的啦。」其實，那是經年累月的磨擦後，歲月所留下來的印痕。熟悉的粗糙感，帶點刺刺的溫熱。厚繭與大手，陪伴著男孩，度過了妳還未出現前的人生。

如果妳曾好奇，是什麼教會了男孩嚮往？

「澳門首家線上賭場上線啦～」

這句話就像是人生導師的一句指令，告訴我們不要對人生失望，因為精彩的，永遠都在後面。

如果妳的男孩，還能背出「吉祥坊、娛樂城、性感荷官在線發牌」之後的台詞，那麼，他一定是個有耐性的男人。

而如果他能把暗黑周杰倫——「東尼大木」的出場片段剪成「明明說」的MV，那他一定有毅力去精通任何他感興趣的事情。

打開他的D槽看看，

資料夾直接叫做A片的男人，敢愛敢恨。

資料夾取了一個隱晦的別名，懂得藏拙。

資料夾裡面分門別類的男人，做事細心。

資料夾裡依日期排序的男人，不計前嫌。

收藏引退作品的男人，念舊。

收藏一個女優全系列的男人，專情。

想要更懂一個男人，不能只看他的C槽和手機，那些都太表象而媚俗。D槽和那顆2T的外接硬碟才是他生命的歷程。

一個男人的質感，取決於他喜歡看的片子。

看什麼樣的片子，就是什麼樣的男人。

姑娘，片子、滑鼠、和左手，在妳來到男孩的生命之前，就占據了他大半的青春。

是誰陪著男孩度過每個漫長孤單的夜晚？

是左手。

是誰在期末考前的熬夜苦讀，替男孩緩解緊張的情緒？

是左手。

是誰在告白失敗以後，輕輕地安慰趴在桌上痛哭的男孩：「沒關係，有我在。」

是左手。

妳以為勇氣是梁靜茹給的，其實是左手給了男孩走到妳面前的勇氣。

妳以為有了妳還打手槍的男孩噁心，但那表示他懂得自己處理慾望，而不是到外面找別的女人打炮。

「選擇打手槍的男人，才懂得面對寂寞。」

左手，是妳的閨密，不是情敵。

試想，也許以後你們會結婚，會共組家庭，會同睡一張床。半夜十二點的時候他肚子餓，妳卻因為一天的忙碌累得無法幫他準備消夜。

這時候，他會體己地說一句：「沒關係，我自己來。」

然後，他會走到廚房自己泡一碗維力炸醬麵。雖然一碗泡麵不比妳煮的山珍海味，但終究是熟悉的好味道。而且只要三分鐘。

性愛也是一樣的，半夜十二點的時候他突然想吃妳，妳卻因為一天的忙碌累得無法配合。這時候，他如果體己地說一句：「沒關係，我自己來。」是不是倍感窩心？

接著，他默默地打開D槽，一時大意忘了插上耳機，妳聽到那熟悉的前導音：「澳門首家線上賭場上線啦~」

那慌張地在黑暗中找耳機孔的背影，不禁讓妳莞爾一笑地說：「真的不用我幫你嗎？」

「沒關係，我自己來，三分鐘就好。」

這時候，妳肯定會非常感謝妳的好閨密。
下次情人節，請懷著感恩的心，送一罐護手霜給他吧。

左手，是妳的閨密，
不是情敵。

衝托抱蓋送，哄哄你的女孩

我和女友在吃飽飯騎車回家的路上，快樂地有一搭沒一聊著天，突然路況一個不平，掛在前頭的小袋子整個掉出，直接摔在馬路上，袋子內有女友心愛的保溫瓶，筆記本跟耳機，救回了筆記本，耳機太小看不到，保溫瓶在快車道上被車子推來推去，超想衝出去撿，不過車速太快實在無法，就在車陣最後一台車快過時，本想著這件事就差不多可以解決了，誰知道好死不死就那台車把保溫瓶輾到炸開。

女友可能當下看著保溫瓶炸開，整個呆住，就真的在路邊站著不動，我先繼續看有沒有其他東西還在馬路上，把保溫瓶屍體撿走，畢竟只是炸開，讓它在馬路上，還是危害其他駕駛，女友就繼續這樣待著不動，我跟她說話也沒任何反應，意識到她可能在生氣，就跟她說：「別生氣了回家吧！」也沒反應。

想想她可能在生氣吧！就等她再氣一下吧，我就把車往前挪幾步，靠近機

小生陪你聽

服用此文， 請搭配歌曲〈小幸運〉

演唱人：田馥甄

車停車格，等她有動靜，想想除了保溫瓶，好像還有其他東西在路上，就先過去看看。

我一動女朋友也開始動，但這一動就是把安全帽脫下直接走人回家……簡言之翻臉走人的意思，然後在LINE上說保溫瓶日本買的台灣沒有，我該把袋子顧好，她一直覺得我沒放好，不小心並不是沒有錯．隔天事後討論我說很討厭翻臉走人，沒必要為了保溫瓶翻臉吧？

但她說她覺得生氣是正常，她也沒罵我，只是不說話而已，會翻臉走人是因為我不安撫她，只會跟她說不要生氣了……我問她那該怎麼做，她說自己想，不會就去問。

所以，不知道該怎麼安慰另一半呢？怎麼安慰氣頭上不講話不會動的另一半呢？另外，保溫瓶一回家就上網拍找到了。

By木頭一樣的小王子

兄台你好，我是小生，偶爾客串回文，哄哄你的女生。

想當年我十八歲，她，也十八歲。

當年的我同你一樣，不會哄女孩，總是費盡唇舌講一堆道理，什麼妳這樣不好但我也有錯，一人擔一半感情不會散。如果你真的覺得對錯可以ＡＡ，那你就大錯特錯了。女孩兒要的其實很簡單，可以用兩個準則來描述：

準則一、女孩兒不會犯錯。

準則二、如果女孩兒犯錯，請參考準則一。

如果你想通這個道理，你會發現一切都海闊天空。你一定會說：「靠，道歉這麼廉價，那我不成了跪著要飯的嗎？」那你要這麼說，交女朋友還真就是跪著要飯的，就這，多少人想跪還沒這門子呢！

你一定會說：「我就是嘴巴不甜，腿腳不利索，跪不下去。」不是叫你真跪，也不是要你講一堆油腔滑調的話。只要記得以下五字訣，包你把女友哄得服服貼貼。

「衝托抱蓋送」。

衝：衝到她面前。

托：輕輕托起她的下巴，看著她的眼睛。

抱：緊緊抱住她，說聲：「對不起」。

蓋：把她的頭蓋在你胸口，不發一語。

送：送她回家、送她禮物。

以下就以你的例子來實地演練一番：

【衝】

保溫瓶掉了，女友站在馬路邊看著保溫瓶在快車道上滾來滾去，腦袋一片空白，身體一動也不動，你竟然先衝去救保溫瓶？

在女孩兒的心中，你衝去救保溫瓶，就是把一個保溫瓶看得比女友還重要。你擔心保溫瓶在快車道上滾來滾去會造成用路人危險，就是把用路人的生命安全看得比女友的保溫瓶還重要。

這樣一排序，在你心中女友的重要性顯而易見。

路人＞保溫瓶＞＞＞＞＞＞女友

你說，女孩兒能不森77嗎？

保溫瓶被壓碎，是保溫瓶心會痛，還是女友心會痛？現在你知道了，當然是女友。下次，請衝到女友的面前，而不是衝去撿保溫瓶。

【托】

衝到女友面前以後，她兩眼失神無法對焦，請輕輕托起她的下巴，看著她的眼睛，大約十秒左右，你會發現眼眶開始泛紅，這時候千萬不能笑場，會直接把女友從當機模式喚醒，那就有吵不完的架了。

請同理她失去一個保溫瓶的心痛與眼淚。

【抱】

眼眶泛紅後，馬上緊緊地抱住她。

因為下巴被你往上托的關係，這時候抱緊，下巴應該會抵在你肩膀的位置。會看到天空，眼角餘光還會看到滾來滾去的保溫瓶。這時候她開始思考：「是哪個環節錯了，該不會是我的問題吧？」

說時遲那時快，你脫口而出：「對不起，是我的錯。」（請用略帶哽咽的口音，小小聲地說。）

前面說過女孩兒是很簡單的，當她聽到你說這句話，女孩兒系統會自動把這句話帶入女孩兒準則，進行檢驗：

準則一、女孩兒不會犯錯。

準則二、如果女孩兒犯錯，請參考準則一。

通通PASS，恭喜你過關一半了！

如果你說是她的錯，那就會一直loop，系統超載，理智斷線。

就像現在一樣。

不過如果你高竿一點，明明是她的錯，想要提醒她，可以換一個方式說：「對不起，是我的錯，我沒保護好你親手掛在前面的保溫瓶。」

【蓋】

當你說完道歉，滾來滾去的保溫瓶也差不多被最後一台車輾碎。這時候你要耳聽四面眼觀八方，一聽到碎裂聲，馬上把她的頭埋在胸口說：「不要看。」

如果是冬天，記得蓋上你的外套。差不多這個時候，背景音樂也唱到副歌了：「原來你是我最想留住的幸運，原來我們和愛情曾經靠得那麼近。」

此時是最關鍵的時刻，不需要多說話，只要讓女孩兒在她腦內搜尋看過的偶像劇的背景音樂，自己催淚自己，把眼淚逼出來，讓情緒釋放。你心裡一定會想：「現在是在演偶像劇膩？在大馬路上抱來抱去真是夠了。」

對沒錯，交到這種女孩一怪韓劇二怪日劇三怪自己沒骨氣。但往好處想，方法對了不需要太花腦筋。

【送】

如果她不搭你的車，堅持要她上車。

如果她堅持不上車，堅持牽著車陪她走回家。

如果她堅持不要你陪，堅持跟在她後面默默地走。

如果她火大叫計程車，十分鐘內你一定要在她家樓下出現。

不然這以後絕對會是吵架拿來翻舊帳最好的本。到這裡你會發現你錯過太多可以挽救的環節，所幸天無絕人之路，上天有好生之德，老天爺希望你不要放生這樣的公主，在網拍上替你留了一條明路。

趕快下標，先寄到你家，買個好看的紙盒寫張卡片，當面拿給她，卡片上面寫：「對不起，我請朋友替我從日本帶回來了。不奢求妳原諒，只希望你能幫我好好愛惜它。」

不要多說什麼，送完轉身就走。讓她的腦內小劇場做工。很快你就可以撿回一個女友了。

「衝托抱蓋送」五字訣，希望對你有幫助。

哄女友五字訣，

「衝托抱蓋送」！

算命說會分手怎麼辦？

我跟男友是今年三月交往的，之前聊天的時候聽過男友媽媽幫他去算命（那時候是高三指考前半年，他現在升大二），算出來的結果是男友一開始讀書會比較辛苦，指考會考上不太喜歡的系，但之後會轉到喜歡的系，也說他以後會去法國讀書，在那邊認識法國人，然後跟那人結婚，之後也就不會再回台灣，說等到時候他就知道了。

一開始聽到算命不以為意，想說聽看看，後面聽到臉色很沉，因為算命師前面說的都應驗了，男友的確不喜歡現在的系，也成功轉到喜歡的系，他們家的人也都是給那位算命師算的，大部分都很準。

我很想要不去在意，不去想這些，男友也安慰我說，他現在讀的科系以後不需要出國，台灣發展的很健全，台灣讀一讀就夠了，叫我不要想太多，我們現在都很努力維持感情，而且他當初追我的時候有去問過月老，月老也說我就是他的

小生陪你聽

服用此文，請搭配歌曲〈命運〉

演唱人：家家

正緣。

我也很想不去在意，但有時候就一直忍不住想到算命師前面算的都應驗了，而且男友媽媽也不是很喜歡我，就很擔心……有沒有人可以罵醒我。

抱歉，讓大家誤會了，男友沒有盲從啦……他是真的不喜歡原本的系才轉的，不是因為聽信算命，他和他媽媽本身是覺得聽聽就好，是我自己在不安。

By 信女玫瑰

姑娘妳好，我是小生，偶爾客串回文，卜算你的人生。

身為佛祖的第八十七代嫡傳弟子，算命這件事我也略懂略懂，只是我算命的方式不是星座也不是命理那套，我是用文字卦。

文字卦主要就是看一個人寫的文字來分析她的過去，預測她的八八六十三加一種未來，最好是手寫，字跡可以反映心情。

不是手寫準確率雖然會有影響，但大概也有八九成準。平常我是不隨便幫人算的，畢竟這會折損我的陽壽，看在妳我福緣不淺，又為了紅塵俗事而困擾，特地回文相助。

還請不要輕易洩漏天機。

我只是個命運的僧侶，愛情的過客。

算不出，我的命運。

愛寫出，我的詩經。

姑娘，從妳的文字推斷，最近應該有煩心的事，對吧？而且如果我想得沒錯，應該是和感情有關。最近食慾是不是因為煩惱而有點下降了？我猜妳最近應該遇到太熱的飯或是太冷的菜都吃不下。這樣的狀況，甚至影響到妳另一半了，對吧？

妳的個性容易對在乎的事想太多，不在乎的人妳從來不會放在心上，課業上只要妳肯認真，一定會有很好的表現，這樣的心態如果畢業後運用在職場上，通常都有很好的發展。

因此，未來妳出國工作的機率很大，甚至可能在北極圈遇到妳的另一半，嫁給愛斯基摩人的機會非常大。但妳不用擔心，到時候北極圈的溫度會比現在暖，所以雖然妳怕冷，但住在那裡不會不習慣。所以現在的感情不用太認真，當作學生時期的玩伴就好。

看到這裡妳一定會說：馬的，我聽你在唬爛。

對啊，那妳幹嘛對算命的那麼認真？

算命的話術其實很簡單，就是從基本可以推斷的事實，先替妳建立一連串的是，後面講的未來，只要不是太離譜，妳就會覺得可信。

就像我的示範文一樣，誰沒事會來男女版發文？一定是有感情的煩惱嘛。這是明顯可知的事實，只要先從大範圍問，是不是有煩惱？

肯定有，這樣就有第一個是。

再縮小範圍，是不是感情的煩惱？這樣又有第二個是。

煩惱通常會影響食慾，熱飯冷菜都叫人吃不下，這也很容易讓人點頭。後面就是星座預言似是而非的套路，講妳的好話唬得一楞一楞地增加好感度，再來個大預言。

之後就可以收錢買單，順便問妳要不要加價購一瓶符水啦。啊不過我不賣符水啦，賣書倒是可以。

回頭過來看看妳男友的預言。

算命先算的是什麼？現在。

請問大學生有多少人是考上自己喜歡的科系的？要我猜，我也猜他不喜歡剛考上的系。

之後會轉到喜歡的系更是笑到我不要不要的，**「有誰他媽轉系會轉到自己討厭的系妳告訴我？」**

妳又說男友家都給算命的算，男友媽肯定跟算命聊過男友的狀況才帶他去的，那我矇著眼睛就先建立兩個是了，要唬妳男友一家還不簡單？

會不會去法國我不知道啦，如果妳覺得妳會嫁給愛斯基摩人的話，我就信妳男友會在法國找到真愛。

不過回完文氣到折壽倒是真的。

對了，月老我跟他也有點熟，他說是不是正緣，要看你們有沒有好好地把握當下。

祝福妳，不要輕易踏上北極。

因為那裡，有北極熊。

是不是正緣，
要看你們有沒有好好地把握當下。

童話，由你創造

前陣子才剛過完二十五歲生日，身邊許多朋友們亦陸續結婚，而我本身有一位從學生時代就在一起交往四年的男友，最近開始與我討論結婚的事。

也許對許多人來說結婚是件快樂的事，但對從小就自卑的我，卻是我一直不願碰觸的一塊。

我的父親是在工地工作的建築工人，母親則是位夜班作業員，雖然整體收入低，卻又不到低收入標準。我還記得家裡曾因為車子被偷，外婆生病的醫藥費，以及再怎麼也不願減少給爺爺奶奶孝親費的堅持，有好一段時間，爸爸總買一份便當和兩碗白飯，與我們家四個國中國小的姊弟妹們共食。

從小我們家的小孩都很認分地穿著親戚送的舊衣舊鞋，甚至到了國中我仍會期待每次換季時親戚清出的舊衣……國小國中常因舊衣舊鞋，被某些同學笑穿得

小生陪你聽

服用此文，請搭配歌曲〈大齡女子〉
演唱人：彭佳慧

像阿姨，國中時也曾因為常包學校剩菜剩飯，而被言語嘲笑或捉弄。

例如，笑我乞丐，故意戳破我包好菜的袋子，讓我自己在那邊清掃，或是被當時吵架的好朋友丟過雞腿，要我帶回家慢慢啃（囧）。

另外，爸爸媽媽工作時間經常不定，因此我和弟弟妹妹聯絡本的簽名常是由大我兩歲的姊姊模仿媽媽簽名完成的。

當然，我們總被發現，接著被老師痛罵痛打一頓。更曾因功課不見起色而被老師罵過白癡、沒腦、智缺。讀同間學校的我們也經常被老師們說過是問題姊弟妹，或許當下的我不是很懂，也沒有很在意，但隨著年齡的增長，回想起來總令我的自卑心理不斷增長。

直到國中遇到了一位影響我很深的老師，加上父母與姊姊時時刻刻的教誨，我開始努力讀書，也如願地進了當地的明星學校。

進了高中，我的人生開始不同，身邊不再有過去嘲笑我的同學，交到了許多交心的朋友、開始被異性告白、被同學喜歡。我才發現自己可以很好，可以被大家喜歡。之後順利考上令大家都滿意，也讓父母驕傲的大學與系所。

在大學時，因為活動認識了我的男朋友，我們談了一場美好的戀愛。他善良細心、對我的好更是無微不至，讓許多人羨慕。交往不久，他就帶上我參加家庭聚會。

當時我發現，他的家庭背景超乎我的想像，與我相差根本是天與地的距離……我的自卑感也襲擊而來，那段時間我的腦中常充滿過去不好的記憶。

他總說他喜歡我有趣的個性，以及我的氣質。殊不知連「氣質」這兩字都能刺到我的玻璃心，讓我想到過去國中國小才藝表演時，同學們的鋼琴、小提琴、長笛……而我則是拿著直笛……接著又是那些女生的冷嘲熱諷，她們互相稱對方是氣質公主，我則被命為公主的婢女（當時的我還很開心能加入她們的團體囧）。

想到過去某些人對我家庭背景的歧視以及不屑，即使男友的父母與家人對我再好，這種自卑感都不曾褪去。因此我內心默默地有了個自私的念頭，我希望能再安穩地與他交往幾年、多製造一些美好的回憶之後，等到不能再拖的時候，我相信依他的條件絕對能遇到很好的對象。

接著畢業，我有了不錯的工作，而他更是從事傳統眼光認為相當好的職業。男友還有他的父母，總叨念著要我們結婚，而男友最近更是認真地要與我計畫，並要求要認識我的家人。

我相信時間已經到了……並開始找理由與他爭吵，不過看到他傷心地求我，我也好痛苦。

我曾與他透露過家庭情況，但他總滿不在乎的樣子問我所以呢……可我難以克服過去不好的回憶，我沒辦法完全相信過去曾被人笑乞丐的我，真的有資格擁有幸福。

另外，我很愛我的父母，覺得他們真的非常偉大。所以當我有這種念頭時，總覺得很對不起他們……我不知道我該怎麼克服。或是說這真的無解，也許我該狠下心來結束這段關係……。

By 怕被刺傷的玫瑰

姑娘妳好，我是小生，偶爾客串回文，點亮妳的人生。

不好意思，我來遲了。但小生可以姍姍來遲，妳的幸福不能讓它悄悄溜走。

姑娘，其實妳只是不敢相信幸福原來可以離妳這麼近，不是嗎？

剛好我身邊有位姑娘的成功例子，可以讓妳當作參考。妳的身世和我這位朋友比起來，根本是小巫見大巫。

她還很小的時候媽媽就去世了，爸爸娶了一個繼母，繼母離過婚，以爸爸的年齡來說還算年輕，於是便帶著兩個驕縱跋扈的女兒進來做她的姊姊，一個老夫娶了一個少妻，當然是極盡所能地寵愛。

愛屋及烏，有限的資源當然分給兩個姐姐，我這位朋友當然就只能當可憐的小妹妹，衣服穿姐姐們不要的、糖果吃姐姐們吐掉的，家事都是朋友做，鬧事都是朋友扛。

但我這位朋友一直有顆善良的心，她從來不怨天尤人，也很照顧小動物，即使自己擁有的不多，但總是樂意獻出全部幫助比她更需要幫助的人。

因此走到哪裡，小動物都喜歡跟著，上街買菜，老奶奶們也歐露咖五村。

有一天王子殿下選妃，辦了一個舞會，全國的女人都搶著報名，我朋友也很想參加，但她害怕自己不是那麼出眾，只懂得掃地洗衣，於是推辭說自己沒有漂亮的禮服不能參加。

小老鼠們真心希望她能幸福，於是用姐姐不要的布料，幫她織了一件漂亮又合身的禮服。我朋友看到鏡中的自己美麗不可方物，便多了幾分自信。

但她還是害怕，因為她從來都不敢跟姊姊們競爭，甚至她不相信自己比姊姊們值得幸福。於是推辭說參加舞會要馬車，姊姊們都搭烏伯馬車出發了，她用走路去一定會遲到還被笑。

這時候菜市場賣南瓜的老奶奶就出來，把家裡的馬車借她，雖然為了宣傳南瓜，車廂改成南瓜造型，但竟然也有幾分俏麗與別緻。

小老鼠和老奶奶拚命地要把我朋友送上車，但我朋友還是自卑，於是她說：

「我沒有高跟鞋。」

這時候賣南瓜的老奶奶就大聲地說：「林鄒罵就等妳說這句。」

於是阿罵拿出她的傳家之寶，玻璃鞋，雙眼閃閃發光、小心翼翼地套在我朋友的腳上說：「想我還在作小姐的時候，穿著這雙鞋，走進舞池，都是全場的焦點……」

小老鼠打岔：「阿罵賀啊喔，擱共丟來美互啊～」

於是朋友有了「+9 老鼠禮服」「+9 南瓜馬車」「+9 阿罵玻璃鞋」，頓時魅力＋100，勇氣＋90，再說她實在也想不到推辭的理由，於是就坐上南瓜馬車，前往舞會現場。

然後就像迪士尼卡通灰姑娘的故事一樣，強者我朋友把王子迷得神魂顛倒，還來個欲擒故縱的放置 play，留下了一隻+9 阿罵玻璃鞋，讓王子拿著玻璃鞋，下了全國通緝令，通緝這不讓他當天就滾床單的小妮子。

終於王子來到我朋友家門口，我朋友卻遲遲不敢出現。

眼看著兩位姐姐為了把腳塞進鞋子裡，把腳跟都剁掉，她還是躲在房裡，透過門縫看著王子的身影，始終不敢現身。

因為她始終不敢相信，幸福離她這麼近。

就在王子再次失望，準備轉身離開的時候，我朋友的阿爸突然出現在她的房門口，輕輕地把房門推開，拉著我朋友說：

「出來吧，阿爸一直都知道，只有妳才值得這樣的幸福。」

於是我朋友在阿爸的陪同下，鼓起勇氣叫住了王子，王子用顫抖的手替我朋友套上了玻璃鞋，從此過著幸福快樂的日子。

至於為什麼阿爸知道我朋友的腳一定套得進南瓜阿罵的玻璃鞋？

不要問，很恐怖。

姑娘，我要告訴妳的，不只是一個童話故事。

而是即便在童話故事裡，如果沒有多一點的勇氣與自信，以及一點點勉強，幸福很有可能也只是擦身而過。

在妳告訴自己「我不值得幸福」以前，妳為什麼不問問自己：「難道我不值得幸福嗎？」

「難道妳不值得幸福嗎？」

即使被嘲笑、被奚落，妳沒有放棄自己，妳在能力範圍盡自己所能地向上。

所以你遇到了妳的國中導師、神仙教母，進了明星學校。妳並沒有因此而自滿，反而更加珍惜這難能可貴的機會，於是妳身邊出現了許多知心好友，那是因為妳的善良而聚集在妳身邊的人。

妳的小老鼠、妳的小幫手。因為妳的努力與謙卑，妳成為家人、朋友都引以為傲的人，快快樂樂地搭著南瓜馬車進入妳夢想的大學，遇到了妳的王子，談了一場美好的戀愛。

妳以為神仙教母的出現是偶然，妳以為小老鼠會聚集在妳身邊是幸運，但如果妳不把握機會努力，神仙教母在妳身上創造不出奇蹟，要不是妳平易近人又善良，上了高中妳又怎麼交得到好朋友？

要不是妳經歷了這麼多卻從來沒放棄往更好的方向去，妳怎麼會變成如今這樣好的人，吸引王子的目光？

這樣的妳不值得幸福，誰配？

姑娘，**一個人的價值，從來不在於她的出身。而在於她努力的過程**。

如果妳因為自卑而轉身離開，否定的不只是妳的出身。

還否定了妳一生的努力，更否定了男友對愛情的信仰。

那不會讓男友遇到更值得的人，只會讓他在值得的人面前卻步。

「溫柔的人，都值得幸福。」

妳值得為彼此勇敢一次。

因為童話故事，都是真人真事改編而成。

即便在童話故事裡，
如果沒有多一點的勇氣與自信，以及一點點勉強，
幸福很有可能也只是擦身而過。

過去就讓它過去

在男友房間看到了一隻娃娃，我的第六感告訴我那是他前任給的，本來是放在床上的，後來男友就放在桌子角落。

所以我就提了一下說：「你怎麼會有這隻娃娃？」男友看了我一下沒有說話，他每次遇到這種問題他都選擇不回答，不然就是說他不想提到這件事。

心情有點複雜，他好像還是沒放下。只是在哄哄我的時候說他放下了。我知道那是他的回憶，我也不強求他要全都丟掉，至少收起來也不要讓我看到吧？

但看到這種畫面，想著他可能晚上都跟娃娃一起睡覺就很難受。想繼續追問下去可是不知道為什麼話總噎在喉嚨，這個結還一直打著解不開，總是沒勇氣繼續問下去。

小生陪你聽

服用此文，請搭配歌曲〈關於小熊〉
演唱人：蛋堡

By 酸溜溜的玫瑰

姑娘妳好，我是小生，偶爾客串造夢，點綴妳的人生。

心中還有前任，大概是女友最介意排行榜 TOP2。TOP1 是什麼，我不能說。

而坦白說，就算沒有娃娃、沒有手機桌布這些有形的東西，前任永遠會住在妳的另一半心裡。但姑娘妳知道嗎？前任之所以是前任，就是因為她失敗了，所以成為過去。而妳成功了，所以成為現在。

如果妳拿了全校第一名，還會在意最後一名為什麼流淚嗎？會？少騙我了，妳哪有那麼好心。

如果這樣還是不能安慰妳，那我幫妳造個夢，說個故事給你聽。

凡事想好最壞的情況，做好心理準備，那對於現況，也就比較能接受了。我們就來夢夢最壞的情況：

某天下午，男友出門買飲料了，妳一個人在男友的房間用他的電腦，突然妳的腳踢到了一個軟綿綿的東西，妳低頭一看原來是男友收在桌下的小熊娃娃。

妳想到之前的不愉快，當時妳問男友怎麼會有這隻小熊娃娃，他只是看了看妳沒有說話。

妳心中明白，這是屬於他和前女友小慧的共同回憶，因此心裡非常介意。但話又說回來，妳似乎還沒有好好端詳過這隻娃娃。

這隻綠色的小熊，有黑溜溜的大眼，圍著一件可愛的紅色肚兜，肚兜的車線有點粗，可能是前女友特地為小熊織的。妳越想越難過，這隻小熊擺在房間總讓妳渾身不自在，一想到它看著你們接吻、看著你們親熱，就有一種前任始終陰魂不散的感覺。

抱著小熊的妳，獨自呢喃：「為什麼不把前女友送的娃娃丟掉呢？」

「因為我不是前女友送的娃娃，我就是前女友。」妳嚇得把小熊丟在地上，以為是自己聽錯了，沒想到小熊繼續開口：「沒錯，我是小慧，我和阿明提分手的時候，他很激動地說他要把我永遠留在身邊⋯⋯」

「證據就是肚兜的縫線，那不是線⋯⋯是我的⋯⋯」

小慧話說到一半就打住，妳顫抖著雙手把肚兜拿到眼前仔細端詳，那縫線是好幾條紅棕色的絲來回穿插而成的。妳想起曾經看過手機裡小慧的照片。她有一頭漂亮的紅棕色長髮。妳感到一股寒意，從腳趾一路竄升到頭皮。下一秒鐘，妳了解小慧為什麼話說一半了。

「看來，妳和小慧彼此認識了啊。」阿明輕快的聲音，從背後傳來。

「越在意過去的人，越容易忽視現在。」

重要的是能好好看著眼前，對嗎？

嘻嘻。

越在意過去的人，
越容易忽視現在。

信任，這個東西

被劈腿過要怎麼撫平情緒，再去信任另一個新的人？

曾目睹最深愛的人上了別人的車，我騎著機車跟在後面，電話不停地打，看著車開下住宅大樓地下室，手機打不通訊息沒回，早上買的愛心早餐掛在機車前置，很失落很無奈很難過。

是不是因為我騎機車所以她上了別人的汽車？是不是因為我沒房所以她進了別人的家？原來被劈腿眼不見為淨是最好的。

走了一年多，認識了一個女生，很喜歡她也很幸運地在一起。但她認為彼此信任很重要，她會把朋友與情人分得很清楚，要我別擔心、不要緊迫盯人。

我不知道要怎麼做才好，提心吊膽地害怕以前的事再上演……剛開始認識她的時候什麼都可以聊，但在一起後幾乎都會因為我沒安全感而吵架，吵到現在她累我也累，很難過不知道該怎麼辦。

小生陪你聽

服用此文，請搭配歌曲〈好愛好散〉

演唱人：陳勢安

請問各位是用什麼方法再去信任一個人？

By 心中還有陰影的小王子

兄台你好，我是小生，偶爾客串回文，點綴你的人生。

如果時光倒流，回到那一天，你在汽車後面，你還會不停地追著狂打電話，還是轉身就走？

或是回到更早之前，如果可以，你會不會嘗試做什麼樣的彌補，好避免她坐上那台車的結局？

如果你不會轉身就走，如果你還會嘗試彌補。那你還沒有原諒你自己。

我懂那種被選擇然後拋棄的感覺深深刻在心裡，好像自己不配擁有愛情。

我想，比起不信任另一個新的人，你更害怕的是自己不夠資格。

你不相信愛情了，好像那是你不應得的東西。要學會信任一個人之前，首先要學會相信自己。

我的一個古人朋友就曾說過：「修身齊家治國平天下。」

白話一點來說就是：「連自己都搞不定了還想娶某酸宗痛喔？」

孔子，也算是半個酸民呢。

自信和不自信最大的差別就是，有自信的人不會輕易因為這世界受到傷害。有自信的人相信自己跌倒了可以拍拍灰塵爬起來，有自信的人知道分手了不是自己不夠好，只是兩個人選擇了不同的生活。

有自信的人懂得好愛好散。

不見得是多完美多和平的分手，而是懂得在心裡和對方說再見。

你有好好在心裡和她說再見了嗎？

「再見，不是我不夠好，而是我們做了不同的選擇。」

畢竟再狠也不能把過去倒轉，感動的會跟人活著到腐爛。

兄台，自信總是從一些很小很小的地方開始累積的。就好比你會不會每天照鏡子至少兩分鐘？有時候看看自己的側臉，有時候把手臂彎起來擺個 POSE，

「嗯，這身材很可以。」

你不先跟自己談戀愛，不先覺得自己看起來很可口，又怎麼讓人覺得你好吃呢？過陣子你會開始有些不滿意的地方，可能髮型需要整理，可能三角肌需要鍛鍊，總之，你開始整理自己，你會發覺一天比一天更好，你會對明天有期待。

這時候告訴自己：「我真的很不錯。」

慢慢來，除了運動，你培養一些興趣，玩遊戲也好、看電影也行，你有自己的生活，閒著的時候知道找什麼東西來填滿。不會一下班就空虛，空虛就容易想東想西，你自己煩，女友應付你的情緒也煩。

如果你覺得沒有車、沒有房是一個缺憾，那就開始做未來計畫，每天、每個月都照著計畫走，這是不會因為誰而改變的生活。

到此為止，你的城堡就完工了。

「你是城堡的主人，談戀愛是邀請對方住進你生活。」

有這樣的認知，就不會害怕對方離開。

因為客人離開後，城堡裡的花草樹木依舊綠意盎然。

人與人的關係很奇妙，一旦你越有恃無恐，越不怕對方離開，對方反而覺得你隨時會跑要好好珍惜你，這大概也可以解釋為什麼越壞越有人愛吧？

但我們比較誠實，我們從內在好好地建立起自己的城堡，沒有爆棚的自信或吹破的牛皮，而是一步一腳印過好生活，經營好自己。

你會知道，**「一個人可以過得很好，兩個人在一起是為了更好。」**

所以，怎麼去相信一個人？

先學會對自己說：「我可以，很可以。」

終於，有一天晚上做夢，夢裡你騎著車，跟在那台汽車後面。汽車右轉進了夏卡爾，那是一間便宜的汽車旅館。你鼻子冷哼了一聲，不屑地說：「打個炮也要省錢的男人妳也要。」

突然你被自己的鼾聲驚醒，旁邊睡的是即將步入禮堂的女友。你知道，你可以好好跟過去說再見了。

祝福你，有一天可以笑著說：「於是，我們仍相信愛情。」

能不能，成為彼此的答案？

大家好，我目前還在唸書，預計兩年後會畢業，和男友已經交往七年多，男友目前有工作，薪水也蠻好的。

我們的感情算是一直以來都很穩定，幾乎都沒有吵過架，吵架的時候幾乎都是他沉默地聽我說，然後沉默冷戰，最後我就會忍不住道歉，所以幾乎沒什麼有效溝通。

好好講的話，他通常也只會應聲，我也不清楚他有沒有把我說的話當真，還是只是覺得我在碎念……會來求助，是因為我已經想不到該如何解決我們相處上發生的問題：沒有共同的話題、我覺得他的朋友比我重要、價值觀差異。但我每次看到男友還是期待的，我不確定自己之後該怎麼做。

一、沒有共同的話題：當初我們在一起的時候，是大學班對，因為生活圈相

小生陪你聽

服用此文，請搭配歌曲〈路過人間〉

演唱人：郁可唯

同，因此有共同話題。而畢業後他去當兵，我在準備考試，那時雖然雙方的生活圈開始不一樣，但我們都還是會分享生活中的小事。

但他開始工作以後，我們的話題開始逐漸減少，問他為什麼不太跟我聊天了，他也只回答：「沒什麼好講的，很無聊。」或是「講了那個人你又不認識。」而我跟他分享生活中的瑣事，他也只是聽或者是應聲。LINE裡的聊天內容現在也都是很制式化的早安、晚安、吃飯沒。

有看過一些文章，建議可以從興趣來開啟話題，雖然我們的興趣從一開始就不一樣，但我當時覺得興趣是可以培養的，我也因此學會看了很多他喜歡的球賽、綜藝節目或卡通，但他現在也完全對這些東西都提不起勁。而我男友並沒有想要理解我的生活圈，我喜歡的東西他都沒有興趣也不打算理解，這樣其實我也實在是想不到能和他聊什麼。

如果是要聊未來規劃，只要提起相關的話題，他就會說不知道，或是沒想法之類的，到最後我也怕給他壓力，就不敢再提了。

二、他讓我覺得他的朋友比我重要：因為工作緣故，所以他常常需要晚上或假日出去和朋友應酬，不外乎是飯局，續攤也常常去唱歌之類的。但我們兩個放假約會的時候，他就只想賴在家裡滑手機，吃飯也只想吃一百以內的，因為想省錢（挑到的小吃攤不好吃也會唸我）。約他出去走走，他會說天氣好熱、或是人很懶散。想去看電影或唱歌之類的，他會說要花很多錢所以不想去。約去百貨公司瞎逛，他又覺得很無趣。

但是他和朋友出去吃飯喝酒一攤都是五、六百起跳，也會和朋友瞎聊很久（和我在一起就只是沉默做自己的事）。這樣總是讓我覺得他的朋友比我還要重要，或是他跟朋友在一起比較輕鬆？

三、價值觀問題：他說他覺得生活沒有意義，很怕自己哪天想不開跳下去，這是最讓我擔心的一件事。最近晚上他突然跟我說，他覺得他的生活很沒有意義，也覺得周圍環境讓他很有亡國感。

雖然他的工作、交際圈在外人看來都很優秀，但他就覺得一切都不是他想要的，他也很怕哪天想不開就跳下去。他甚至有問我說如果我們兩個不結婚，會不會對我比較好？

當時我整個嚇傻了，只能慢慢開導他。但我也現在也開始害怕，如果這真是他的想法，那我以後跟他在一起就像背著一顆炸彈一樣，如果他哪天真的怎麼了，我該怎麼辦？

我也想不太出來目前的我能給他什麼幫助……希望能給我一些建議，對於這段感情真的很捨不得，但目前也真的是束手無策。

By 進退兩難的玫瑰

姑娘妳好，我是小生，偶爾客串回文，點綴妳的人生。

回答妳的問題之前，我想先藉著這篇文，聊聊一個人的興趣與追求。

因為過了而立之年，我才慢慢體會很多的分合、很多的遺憾、很多的珍重，都是源自於自己對生命的了解。

很多書籍會告訴妳，這叫做愛自己。

很多專家會跟妳說，要找到共同的興趣。

以一個過來人，我覺得這些都不夠精確。也許更重要的是，發生在興趣和愛自己之前，妳有沒有問自己，我要的是什麼？我又是什麼？

有的人很幸運，知道自己要什麼、知道自己愛什麼，興趣就能夠賺錢，讓自己溫飽，養一個家。在他追求志趣的道路上，又遇到志同道合的伴侶，這樣幸運的人很少很少，一百個裡面大概兩三個。

有的人夠聰明，知道自己要什麼、也知道自己擅長的與之不同，知道興趣賺不了錢，於是學會把工作和生活適度分配，找到願意和他在人生道路上一起打拚的隊友，**在生存之上，追尋生活**。

有這樣智慧的人，一百個裡面大約有二三十個。

有的人不知道自己要什麼，但有一技之長，因此工作之外就是放空和休息，有時候停下腳步想想這樣的人生還很長，不免會感到迷惘，賺到錢卻不知道意義是什麼。

也許能找到另一半庸庸碌碌過一生，像社會所期望的一樣生存著，但當低潮來襲時就像妳男友現在這樣，對任何事物都無感，更遑論談愛。

他不是不愛，而是不知道什麼叫做愛。

姑娘，妳試了很多的方式想替感情加溫，但如果核是冰的，再大的火都只能讓表面出汗而已。

也許真正重要的問題不在於你們之間，而在於男友自己有沒向自己發問：「我是誰？我要的是什麼？」這是一個很嚴肅的哲學問題，不問的時候至少平平淡淡，認真發問以後，人生可能會翻天覆地的改變，而且這是一個持續不間斷的追尋歷程。

我認識一個高中化學老師，他問了以後就變成了傳奇製毒師，傳奇的故事甚至被拍成影集。

我自己則是比較幸運，因為失戀意外地開啟在男女版回文的人生，出書以後浪漫地辭掉工作專職寫作，後來發現這樣會餓死，才又重回職場。

我算是那個經歷了這三四年，長了一點智慧，懂得分配工作和興趣的人。重回職場後調整一下心態，當工作壓力很大的時候，至少文字能當作我躲回去的山洞。這樣的心態，和從前沒有發掘志趣之前不同。

在以前只有工作的時候，時常會覺得自己的成就永遠都比不過別人，會灰心、會自我否定，連帶地在感情上沒有自信，會希望另一半的肯定來安慰自己。

而今當職場上有時不盡人意的時候，或是被親戚朋友拿來比較的時候，會明白這些是暫時的，何況我人生的成就不是要當到什麼總經理，而是偶爾客串一下，稍稍改變這個世界。

這是一種由內而外的自我肯定，因為你更明白自己的人生長什麼樣子了，你知道什麼是自己愛的，所以你明白了什麼是討厭的。你知道什麼是自己要的，所以你明白了什麼是可以割捨的。你知道怎麼肯定自己了，所以周遭的好與不好不會左右你心情太多。

於是，你對你的人生開始有感覺。自己的心態穩定了，感情才能跟著穩定而正向的發展。

姑娘，妳男友現在遭遇的問題，等妳兩年後考完試進入職場，妳一樣也會遇到。因為這是每個人一生的課題。

沒有任何書本可以幫妳，沒有一個人可以自稱專家。因為自己的人生，只有自己能夠解答。

所以很遺憾我也沒辦法給出一個完美的答案，但至少我能以過來人的經驗告訴妳，問題在哪裡。

男友該做的第一步，就是開始問自己：「我是誰？我要的是什麼？」

也許當他踏出這一步，現在的生活就會完全改變。而妳能做的就是支持，並接受可能迎來的變化。

畢竟如果現況已經冰凍三尺，那有什麼不能往前嘗試的？

最後我想，每個人都是路過人間來走這一遭。能夠在這段旅程互相圓滿，是運氣也是修行。

也許妳會問，在經歷了這些自我追尋的路程後，到底哪裡才是終點？當我自己走了那麼大一遭，現在最大的確幸，就是下班回到家打開門，看到狗狗在門口搖尾巴等我，瓶子在沙發上翹著腳問我晚餐吃什麼。

很平常的畫面，但會讓妳在回家的路上整路惦記著。這算是終點嗎？我也不確定呢。

但一直到最近我才發現，生活中我常常把「人生好難」掛在嘴邊。

傳說打輸喊一下人生好難，沒有靈感喊一下人生好難，加班太晚喊一下人生好難。這時候一旁的瓶子就會說：「再喊罰錢哦，人生哪裡難了。」

嗯，人生就是這麼簡單。

沒有終點，但是有另一個人陪在妳身邊，用妳聽得懂的方式告訴妳，生命美好在哪裡。

姑娘，祝福妳和男友，在人生的路上能夠成為彼此最簡單也最溫暖的答案。

讓他知道什麼叫做愛。

在人生的路上能夠成為
彼此最簡單也最溫暖的答案。

愛後加映

愛情Q&A：他／她到底在想什麼？

情侶相處的時候，總是會有一些莫名其妙的小事變成對方的地雷，而且你完全無法理解為什麼是這樣？

以下整理一些稀奇古怪的問題，來幫你進入另一半宛如八奇的思考領域。

Q1 女友可以接受我看A片，卻不能接受我追蹤大奶網紅？

這乍看之下完全無法理解，為什麼脫光衣服的可以看，沒脫衣服的卻計較起來？其實仔細想想並不難懂。

AV女優是一種專業，為了幫廣大男性抒發性慾而演出。男生有性慾，正常；女優拍片，專業。正常的事交給專業的來，合情合理。

那大奶網紅是怎麼回事？整天搔首弄姿，擠眉弄眼，拍的是擠成一條溝的事業線，標題卻是人生的機會要自己爭取，這兩者有關係嗎？

欸好像有。

明明賣的是色，卻要用勵志的道理包裝，那這樣不是把專業的AV女優當傻子嗎？所以說，意淫網紅就好比看病找密醫一樣，是不尊重專業的行為，女友當然會生氣啦。

請相信專業。

Q：「那不追蹤大奶網紅，追蹤小奶網紅可以嗎？」

A：「這問題很棒，你可以問問女友再跟我說答案。」

Q：「那我追蹤AV女優彩美旬果，算是找密醫還是看醫生？」

A：「你感冒的時候，可以光看診所的粉絲頁就痊癒嗎？」

Q2 幹幹幹幹幹～女友發現我保存初戀物品的小盒子怎麼辦？

別慌，讓我分享一下自己的故事。最近因為要搬家在整理房間，昨晚一邊開著視訊和瓶子聊天一邊整理。

突然在抽屜翻出一張前前任寫給我的情人節卡片。

瓶子：「這你要帶去新家嗎？^^」

我：「當然是丟掉啊！垃圾。」

正當我慶幸自己真是機靈時，我在書櫃上方找到了一個積滿灰塵的紙箱，我一邊碎念一邊用美工刀把膠帶割開：「奇怪這箱子是三小怎麼會放這……」

乖乖不得了，裡面是初戀的紀念品，還有她寄給我的情書。

我：「那個……訊號斷斷續續的，我先掛掉好了。」

瓶子：「我要看！」

我：「其實沒什麼啦，就是一些紀念品、票根、信……」

這時候我的雙手竟然背叛了嘴巴，把信打開了。

瓶子：「這你也要帶去新家嗎～」

我：「可以嗎？」

！！！？？？？

靠北，為什麼嘴巴也跟著下水餃了。

瓶子：「可以啊，如果你想要緬懷我的話就帶^^」

這隔著螢幕都可以感受到的決心跟殺意，終於讓嘴巴和手歸隊了，雙手很機靈地把東西全部塞回箱子，求生意志堅強的嘴巴趕緊掩護：「這都多久了早就忘記了啦吼，而且箱子擺到生灰塵根本不會看，丟！都丟！通通都是垃圾！」

這時候瓶子很認真地說：「既然是都不會打開的箱子，你把信唸給我聽，我陪你一起回憶啊，回憶完再把它丟掉，搬新家應該要有全新的開始。」

於是我們就一起讀信，大概讀了一半就發現當時的感情真是青澀啊！離現在的人生也已經好遠了。要不是因為發現這個箱子大概也根本不會想起。

突然覺得，瓶子真是人生導師，能用這種圓融的態度面對男友過去的回憶。能見到今天的太陽，真是太好了。

Q3 女友走下樓走五分鐘到小七就可以拿到包裹，為何要我晚上下班幫她拿？

你知道女生喔，尤其住在台北的漂亮女生，特別容易有偶包，想到要出家門如果不化妝就會很沒安全感，偏偏為了拿個包裹化妝實在很不划算，於是就要請你幫忙了。

除了偶包這種理由，懶得出門、太陽大、風太強、路上的小狗很兇，總之理由不一而足，但結論就是要你幫忙拿。

邏輯上來說，拿個包裹五分鐘，跟等到晚上才讓你拿上來，根本就不合理，但為了這個「合理」爭得面紅耳赤，吵架鬧不合，花的時間又豈止五分鐘？**很多時候你覺得「不合理」，只是因為你的數學模型少考慮了其他變數**。與其這樣，不如轉個念告訴自己：「這是一個表現貼心的機會。」

幫她拿包裹的時候順便帶碗熱湯，絕對是省事又加分。

或者在表達上可以委婉地暗示她：「我要晚上下班才可以拿哦，如果急的話可以自己先拿。」她如果真的很急，就會自己長腳啦。

很多狀況用這個例子來看，其實都可以舉一反三的。

像是兩個人到餐廳吃飯，點完主餐加六十元就可以喝到玉米濃湯，女友超想喝，問題是根據你的計算，一碗玉米濃湯六十元根本盤子價，你該為了CP值在這個時刻潑她冷水嗎？

同樣的道理，你覺得CP值低，是因為你少考慮了女友的心情這項變數。

為了省六十元跟她在餐廳吵得面紅耳赤，回去她跟姐妹抱怨自己男友超小氣連六十元都捨不得出，卻可以花錢買三百元的遊戲造型，你覺得一碗六十元的玉米濃湯買個心安CP值高不高？

高，師爺高，高得不得了。

那如果你實在很想勸退怎麼辦？

兄台，同樣的道理，只要一點點的聲東擊西，循循善誘，就可以達到我們的目的：「點啊點啊～那我跟你一起喝一碗，玉米濃湯熱量高。」

「……那我的給你好了。」

懂得聲東擊西，才是傑出的男子。

Q4 女友追劇追到以為自己是女主角怎麼辦？

某天和女友瓶子追公視夯劇《我們與惡的距離》追到第三集的時候，瓶子已經被吳慷仁和溫昇豪兩大男神帥到兩隻眼睛只剩愛心了。

我跟瓶子說：「欸吳慷仁那招把手給我也太強了吧！以後吵架我也要用這招。」

瓶子：「是不是！！我看到那段整個融化，什麼把手給他，我把全部給他都可以！！」

我：「是喔，那溫昇豪呢？他演劉昭國也很帥啊！如果他跟吳慷仁同時要妳把手給他，妳會選擇誰？」

瓶子：「吼～你不要問這種問題，這樣人家很難選擇～應該是昇豪吧？可是我又怕慷仁受傷。」

此時的瓶子正摀著臉小鹿亂撞。

我清了清嗓子說：「北鼻北鼻，我跟你講一個殘酷的現實。」

瓶子：「什麼殘酷的現實？」

我：「很抱歉，妳只有我。」
瓶子：「…………」
用最誠摯的心告訴女友，戲劇是美好的，現實是殘酷的。

Q5 男友的拍照技術很差，該怎麼讓他變好？

如果妳總覺得男友的拍照技術很糟，不妨換個角度思考，他可能真的是愛上妳的內在。很多事轉個念，就不會那麼耿耿於懷了。

Q6 男友沒有隨手關燈的習慣怎麼辦？

好啦這種小事，就幫他關一下，關的時候嘴他一下：「厚你是很怕鬼逆？」就像瓶子也是削完水果，果皮都堆在流理台忘記清啊~我也是嗆一下默默收好：「你是很怕流理台餓到嗎？」

相處就是大家互補，互相幫忙嘛。

好啦，我承認我就是那個常常忘記關燈的男友。

Q7 男友都不會幫忙做家事怎麼辦？

瓶子公司的同事很多都已經結婚多年，同事小玲結婚十年，育有一子一女，感情融洽；同事小佩結婚三年，最近常常覺得生活不美滿。

有一天小佩在和老公講電話，講得非常激動：「家裡垃圾每次都是我在倒，你從來都不會想說要幫忙，還有那個地也都是我在拖，你就只會說工作忙工作忙，我也有在上班啊！」

說完把電話掛斷一聲再見也沒說，轉頭跟大家抱怨為什麼結了婚以後一點生活都沒有。

過了一陣子，有一天小玲接到老公的視訊電話，叫得很大聲：「天啊～你竟然會幫我洗機車耶～我太感動了！」

老公一臉靦腆地說：「沒啊，啊我就看它很髒就忍不住幫妳洗了，你知道回家要怎麼報答我了吧？」

小玲：「欸你講話注意一點哦～大家都在。」

老公一臉訕笑：「好啦不跟你鬧，我要先掛電話了！」

小玲：「老公掰掰～愛你。」

一旁的小珮覺得非常不可思議：「天啊～為什麼妳結婚那麼久，和老公講話還這麼撒嬌？我都沒有辦法這樣對老公說話。」

小玲：「其實這和結婚多久沒關係，兩個人相處本來就是一種正向的循環，你越在小事上稱讚他，他做起來越有成就感，就越願意主動做事，妳也會越輕鬆啦！換個角度想，妳喜歡整天被媽媽罵都不做家事嗎？」

聽完這個例子我覺得滿受用的，因為我們男人真的就是這麼簡單（賤）。一點讚美和「報答」的情趣，我們就甘之如飴了。

Q8 在一起久了，相處很像白開水怎麼辦？

在我上一本書《然後，我們都懂了》裡有提到「火花」與「燃點」：「火源可以是生活中的新奇與刺激，大部分的人都在激情趨緩後尋找火源。燃點則是一種心境，有沒有把心敞開，觀察生活中的小細節所帶來的驚奇？很少有人可以試著體會這些小事物背後的意義，但你我都知道，燃點越低，越容易燃燒，所以星星之火才能燎原。」

當自己的感情生活也進入了同居的階段，我覺得還要再加上一個「點火」的動作。

就像前面的小玲，她發現老公幫她洗車很感動，這種小事都能感動，是燃點很低；但她不吝於讚美，就是「點火」。

其實仔細觀察，當你讚美另一半時，就算他嘴巴說不要，還是會笑得很爽啦，永遠不要覺得這種話很不好意思說出口，講久了就一點也不覺得害羞了。

還有最重要的一點，要常說「我愛你」。

很多人都認為「我愛你」很珍貴，不能太常說，常說就廉價了，這是不對的。不就是因為愛這麼珍貴，而我們又如此相愛，才值得每天掛在嘴上揮霍嗎？

天天提醒對方我愛你，萬一哪天不能一起了，至少有回憶作為相愛的證據。

天天提醒對方我愛你，萬一不小心一輩子了，那明天的份才能留給下輩子說。

怎麼算都不虧，對吧？

最重要的一點，
要常說「我愛你」。

用一陣子的時間，
和一陣子的旅伴道別，
即使你們曾經深信過一輩子。

好愛好散，
謝謝你親愛的遺憾。

輯三

好愛・好散

小生
會客室

有些人，只能陪你走一陣子

大部分來找我問問題的人，其實都還是過不去分手那道坎居多。被分手很痛、很難，但很多時候，提分手的那個人才最難。

我該不該離開這個人？

我問了幾個姐妹，她們都說這樣的人趕快分一分。我真的沒有辦法再忍受他無所謂的樣子，沒有辦法這樣耗日子。可是他真的很呵護我，我不知道離開會不會更好，我不知道該怎麼讓他不受傷。

通常面對這一串自問自答，我只會反問這樣一個問題：「你們出門還會牽手嗎？」

常常，是一陣很長的沉默。

「最後一次牽手好像是上一次出門……是我自己放開他的。」

「我有點記不得了……」

其實，該不該放手，身心都已經告訴妳答案了。

我們用理智推敲、用邏輯證明、用道理說服，想找出一個無法攻破的命題，當作繼續下去的藉口，但我們沒有辦法解釋為什麼不再牽手了，為什麼要各看各的風景。

因為愛是無法解釋的存在。

我們要學著認清，人生這趟旅程會遇到各式各樣的人，偶爾會遇到一個合得來的旅伴，有相同的目的地，或只是想漫無目的。

但既然是旅伴，總會走到岔路口。

愛情的專一、在一起一輩子的想望，相比於人生旅程的多變和無常，實在太渺小了，能遇到一個走一輩子的旅伴是三生有幸，只能做走一陣子的旅伴也要在岔路口好愛好散。

好愛好散，給這段旅程上得來不易的旅伴。

通常，接下來的問題會是：「那我該怎麼開口，他才不會難過？」

沒有，**沒有一種分手是不傷人的**。

作為一個提分手、說再見的人，最忌諱的是還想當好人。

畢竟世界上沒有這麼美的事情，打人家一巴掌，還能厚著臉皮關心人家痛不痛，對方還要跟你說沒關係我們還能當朋友。

但也不是要當個超級王八蛋，例如無預警人間蒸發、不斷地找架吵然後藉機冷戰後封鎖。

只求能做到「明白、果斷」。

分手的理由明明白白，這代表你要好好思考並說服過自己，不管是個性不合、性趣不同、生涯規劃導致目前重心不在戀愛、開車摳腳皮屢勸不聽……你堅定地相信就是這原因你必須分手，然後堅定地告訴他因為如此走到了盡頭，不管他用什麼方式告訴你他會改變、他願意妥協，你要堅定地讓他知道，這樣下去只會讓彼此痛苦更久，而你最不願看到的就是他痛苦。

「我不希望你為了我不斷地妥協到失去了自己，我希望你快樂。」分手時的常用句型，很靠北但很實用，畢竟除此之外很難更好了。

絕對不要主動關心對方，那只會讓他覺得還有機會。就算你們可以當朋友，也絕對不是現在，傷口需要時間結痂，關係需要調整，你的關心只是不斷地把紗布撕開，還當那個發炎紅腫的過敏原。

特別是對很執著又容易鑽牛角尖的人，就算你不主動聯繫，只是被動地回應，他都會解釋成還有希望。

沒有辦法決定傷口的深度，至少可以決定痊癒的時間。

分手最怕的，是優柔寡斷的仁慈。

明白的理由，果斷的切口。

有些疤痕淺淺的，過一陣子就能淡忘；有些疤痕刻在心上，但終究結痂了，終能找到與它共處的方式，帶著它前往下個旅程。

提分手，學的是堅決，狠下心的人，不見得是壞人。

被分手，學的是接受，不是被留在原地，而是終於能自己決定前進的方向。

用一陣子的時間，和一陣子的旅伴道別，即使你們曾經深信過一輩子。

好愛好散，謝謝你親愛的遺憾。

眼下的波折和心痛，都是成長的良藥

分手也近半年了，其實早在兩個月前就知道ex有新對象了，也沒再打擾過她。那些痛苦說走過了好像也不是，只是藏在心底吧？

我們有一圈共同的好友，前兩天的聚會看到好久不見的她，其實是很激動的，也知道自己是還沒放下的。

昨天她突然親口告訴我她有新對象這件事情，她說還是在意我的心情。當下很平靜地祝福，之後也很瘋狂地痛哭。

整夜沒睡，覺得這條路又退到了原點。也沒什麼，只是想知道為何要親口告訴我，純粹想知道。因為我以為正常都是不再聯絡了、不再打擾了。

By微風吹過心不皺

小生陪你聽

服用此文，請搭配歌曲〈虐心〉

演唱人：亦帆

兄台你好，我是小生，偶爾客串回文，點綴你的人生。

最近重看金庸大師的《神鵰俠侶》，很有感觸，與你分享些心得。

第一次看的時候是國中，那時候先看了《射鵰英雄傳》又看了《天龍八部》，國中屁孩嘛，總是喜歡武打和英雄多些，《射鵰英雄傳》裡情情愛愛的內心戲讀來不免覺得厭煩，沒讀多少便晾在一旁了。

直到最近又拿起來重讀，我竟然忍不住動手抄下裡面的句子，想努力記住書中每個角色的樣子。其中我很喜歡一段話，那雖是公孫止形容情花入口的滋味，卻是金庸側寫愛情的樣子。

「情之為物，本是如此，入口甘甜，回味苦澀，而且遍身是刺，你就算小心萬分，也不免為其所傷。」

這段話年輕時不懂，但長大以後狠狠地愛過了幾次，再讀的時候很難不唏噓喟嘆。

情花的刺有毒，被刺傷後一旦動了情便會劇痛，輕者十二個時辰可自癒，重者九四三十六日內沒有服下解藥便會毒發身亡。

你一定會好奇為什麼不是六六三十六日？因為94，比較狂。

兄台，愛情不也如情花一般嗎？

初嘗時甘甜，分開後苦澀，動了情想念，心痛萬分。對，只有愛過的人才知道，心真的會痛。而我們始終無法絕了念想，讓情花毒不再攻心。但如果你問我，究竟是情花毒些還是愛情毒些？

我想，終究是愛情更毒。

情花就長在那，舉目可及，縮手可避，只要多加留心，便不至於為其所傷。而愛情不一樣，愛情在心裡生長的時候悄無聲息，離去的時候理直氣壯，心痛卻總伴著思念來得猝不及防。

情花長在絕情谷中，愛情卻長在每個毫無防備的心上。

即便我們防得滴水不漏，它還是會在最柔軟處生長。

兄台，試想如果你中了情花毒，會急著想知道為什麼被刺？還是急著想找解藥呢？

愛情也是一樣的，情不知所以起，不知何所終，重要的不是她為什麼告訴你，而是你如何能不再心痛。

這很難，不是每個人都能輕易地放下那些愛恨嗔癡，更不是每個人都能從痛得像癮一般的思念裡痊癒。

但人終究是可以選擇的，你可以選擇追悔過去，在每個現在裡心痛萬分；也可以選擇走向未來，在每個心痛時分裡存點企盼。

時間是很奇妙的，它有最高強的武功，讓所有的武林高手一一殞命，也有最神奇的法力，讓真正的有緣人能走在一起。

武修文和武敦儒當了郭芙大半輩子的工具人，甚至為了郭芙，兄弟倆以性命相拚，但到了最後，一個娶了完顏萍，一個跟了耶律燕。

楊過和小龍女幾經波折與分合，最後卻長相廝守，隱居終南。

可是沒有這些波折，楊過不會成為一代大俠，沒有當過工具人、沒有闖下那些大禍後痛定思痛，二武也不會成為真正的男人。

小說明裡寫的是武俠和愛情，其實寫的是成長。

人生也是如此，眼下的波折和心痛，都是成長的良藥。

你的路絕對沒有回到原點，只是你一直回頭，所以沒有察覺自己又走得更遠了一些。心痛的時候記得對生活存點企盼，畢竟前方的路還長，不斷地停下腳步回頭看，不就太可惜了嗎？

最後，容我再提醒你一句：**「走路要看前面啊！混蛋。」**

祝福你，一路好走。

愛情長在每個毫無防備的心上。
即便我們防得滴水不漏，
它還是會在最柔軟處生長。

不想當說分手的壞人

和男友在一起近一年，我們都是雙方初戀，期間因為個性和價值觀不同常常吵架，最近更是吵得更嚴重，數度鬧分手。

在我看來，男方是頗不成熟的，也知道這樣下去無法長久，最後我們協調好會不會是當初沒有先發展友情就直接戀愛的緣故？

先以朋友身分維繫感情、了解彼此、平時關心彼此（但頻率和程度少於情侶），偶爾可以出去吃飯聊天，但絕不超出朋友該有的界線，可以免去很多問題（例如：過度吃醋、控制）。

之後彼此成熟，再恢復男女朋友身分，聽起來很美好，但其實多少有點徬徨有點怕，怕時間一久感情淡了或者遇到新歡；怕即使之後又復合，個性問題還是存在，覺得有點像一場賭注。

雖然男方信誓旦旦地給了承諾，身邊的友幾乎不贊成，也有說可以試試看

小生陪你聽

服用此文， 請搭配歌曲〈分開旅行〉

演唱人 ： 黃立行、劉若英

的，請問有過這樣的例子嗎？

By
愛像花火

姑娘妳好，我是小生，偶爾客串回文，分開妳的人生。

我想，這首歌大概可以表達妳現在的心境：

Black Black heart, Send 給你我的心，

計畫是分開旅行啊，為何，像結局？

傻孩子，因為這跟分手後做朋友聽起來有87％像妳知道嗎？還在問為何像結局，因為這就是結局，IT'S THE END!!!

誠實面對自己的內心吧，你們只是不想當說分手的壞人，所以選擇用退回朋友、暫時分開、分開旅行、真愛放長假、單身啪啪啪，各種美好包裝來讓自己心裡好過一點而已。

朋友跟情人本來就不一樣。

自古以來只有一個人把朋友當情人在對待，那就是子路。子路說：「願車馬，衣輕裘，與朋友共，敝之而無憾。」馬的那是因為他根本沒朋友才要這樣交朋友。

妳看孔子一堆朋友有這樣說過嗎？沒有嘛！

孔子只是說：「老者安之，朋友信之，少者懷之。」老的，擺到一邊。朋友，相信他的話（挖洞給子路跳）。年輕的，好好抱著（孔子也滿色的嘛）。

講完以後妳猜怎樣？當然是凹子路請客啊！

把朋友當情人對待，只會付出得不到回報而已。

要知道，什麼是朋友。

妳不會在意朋友今天和哪個女人出去，妳不會在意朋友今天對哪個女人感興趣，妳不會要朋友努力考上好的研究所以維持你們的友情，妳更不會因為朋友沒告訴妳和誰出去玩到夜深，而發一頓以關心為名的脾氣。

同樣的，朋友沒有義務在妳經痛的時候不顧一切趕來照顧妳，朋友沒有義務要聽妳抱怨一天的大小事，朋友更沒有義務要接送妳上下課，也絕對沒有義務要為了妳的幸福快樂做任何一點努力。

因為朋友就是互相關心，有更好的方向就真心地彼此祝福。多出來的照顧和兩肋插刀，那是妳要感恩戴德的福氣。這他媽就是朋友。

所以抱著一顆期待變回情人的心和他做朋友，只會讓自己更難過，感覺他越來越遠而已。

因為你們從一開始就錯了，**朋友歸朋友，情人歸情人，苓膏歸苓膏**。

當互相了解是義務的時候，都不能好好地了解彼此，妳又憑什麼期待退到朋友的位置可以把對方看得更透徹？或是對方可以更了解妳多一些？

所以，做回朋友是假的，分手才是真的。

姑娘，也許對都是初戀的你們而言，分手兩字是無論如何都說不出口的。

但請記得，**分手從來不代表這段感情失敗了**。

只要這段感情讓你們學會如何愛一個人、對另一個人負責，背著承諾走過一段路的日子，肯定讓你們和從前有所不同。做回朋友，妳就好好過自己的日子、看自己的風景，變得更好更成熟的妳，為什麼一定要回到他身邊？更好更成熟的妳，肯定值得更好更成熟的人。然後妳會感謝，並且祝福這位朋友。

最後，曾經有個男孩哭著問女孩：「妳不是說過我就是妳的全世界嗎？」

女孩只是淡淡地答：**「但是我的地理變好了。」**

祝福妳，分開旅行後，地理滿分。

當互相了解是義務時都不能好好地了解彼此，
又憑什麼期待退到朋友的位置可把對方看得更透徹？

回頭了，卻像擁抱一片寂寞的海

我和男友復合將近一個月（分手一週復合）。

男生說，他會提分手不是不愛我，是覺得我們不適合。如果我願意改，他也願意花時間試試看。所以我改了，我知道不可能一下子改那麼快，所以我從生活習慣開始。

他也說，他感受到我的改變了。我不再要求他太多，讓自己易於滿足一些。分手前他對我非常地好，復合後則是一滴不剩（連我在哭都無動於衷那種不剩），平常相處也都還好，我們遠距離，約一個月見兩次。見面的時候他都對我很好很好。

訊息回得很慢，但都會回，跟他要講電話、打 LoL 他也都說好。我很常因為他的事情哭或難過，但我通常不會讓他知道。

復合一個月以來，我只讓他知道了兩次。但不管我打什麼，他都只回：嗯或

小生陪你聽

服用此文，請搭配歌曲〈年輪〉

演唱人：張碧晨

嗯嗯。

我說，你為什麼不安慰我？

我說，你為什麼連一點點我的壞情緒都不想接受？

他說，他不知道。他說，因為他只想的到他自己，他不想管別人。

但我問他，我是你女朋友嗎？他也說，現在是。

有人可以告訴我，他為什麼會這樣嗎？

（他生活除了之前研究所落榜外，都很無虞，家庭不錯、朋友不錯、還常常出去玩。）

By 角落的洋娃娃

姑娘妳好，我是小生，偶爾客串回文，割捨妳的男生。

我想，很多時候我們都被「挽回」或「復合」誤導了。

挽回，字面上看起來就是一個人轉身，另一個人伸出手拉住對方求他回頭。

求的人不快樂，被求的人覺得很勉強。

可是感情，應該是要快樂的啊！

復合，像一塊破掉的鏡子，重新想把它合成原狀。但兩塊碎片都維持自己本來的樣子，怎麼拼都還是有裂縫。

可是感情，應該是要圓融的啊！

挽回來的不快樂，復合來的不圓融，因為都是勉強來的。

勉強自己，或被別人哭求所以勉為其難答應，從來都不會快樂。

「我要快樂，我要能睡得安穩」[1]

這句話多唱幾遍，然後問問妳自己，妳快樂嗎？妳有沒有在夜裡想到他的冷淡，讓眼淚濕了被單？

妳會不會小心翼翼地想跟他分享一天的快樂或委屈，卻被一句「是喔」推回了北極？分手的時候，妳覺得只有回到他身邊才能再快樂起來，可是現在得到他了，妳快樂嗎？

他呢？妳覺得他快樂嗎？

狠下心和一個不適合自己的人分手，因為愧疚讓她再回到身邊，面對一個不愛的人搖尾乞憐，妳覺得他能怎麼面對？

笑著說妳真好？可是那些不適合的因子還是如鯁在喉，怎麼假裝得來？板著臉說妳走開？可是妳都那麼低姿態，要怎麼不再讓妳受傷害？

所以他冷漠，他希望妳明白。

不愛了，強求不來。

有些人不抱了才溫暖，可是回頭抱著，卻像擁抱一片寂寞的海。

妳快樂嗎？他快樂嗎？你們，快樂嗎？

姑娘，**比起挽回，我喜歡說「重新在一起」**。

挽回就是一個舊的人勉強另一個舊的人留下，兩個人很勉強地討論該怎麼讓感情回溫。而事實是，如果這段愛情有救，根本不會有人提出分手。

如果這段愛情還能繼續，早就會有一方提出來修補。最幸福、最有向心力的時候都解決不了的問題，憑什麼一個人低聲下氣，另一個虛應故事就能解決？

其實，妳早應該割捨。

這段感情一定有些自己做不好的地方，也一定有些他帶給妳的尖刺。讓自己恢復單身，好好地沉澱，好好地思考這些愛與恨。

這些愛恨會變成妳的養分，往前走著走著，妳會更了解自己。妳會因此改變一些形狀，因為妳思考自己適合怎樣的人，也會更清楚如何對待另一半。默默地妳成長了，變成一個比從前更成熟有魅力的人。

然後妳明白了，「不抱了才溫暖，離開了才不恨」[2]。

溫暖是因為感謝那些回憶，不恨是因為不愛了，沒有愛恨，就是最好的痊癒。同樣地，這些改變也會發生在他身上。然後一直到某一天，我也不敢保證是哪一天。

可如果命運要證明兩個人註定是一對，重逢的方式會有千百種。但我相信同樣的是，你們都會相視而笑。

我永遠記得一段至理名言：

「如果你想要一樣東西，那就放他走。他如果能回來，那就永遠屬於你；他如果不回來，那根本就不是你的。」

與其兩個舊的人互相勉強，不如各自成長為新的人，再回頭看看對方。
重新開始，才有新的可能。我想妳值得快樂，也值得新的可能。

這些愛恨會變成你的養分，
往前走著走著，你會更了解自己。

註 1.2.〈你要快樂〉，作詞：鄔裕康
作曲：林倶玉／演唱人：張惠妹

好眼淚壞眼淚，願我們一起笑著流

最近身邊有幾個朋友都碰到分手的時期，大家在聊過往感情的時候，發現好像很少聽到一個滿意的分手。

發現對象劈腿的人抱怨著，如果愛上別人了就應該勇敢承認；被無縫接軌的人哭訴，突然之間就跟我說愛上別人了，他到底有沒有愛過我？

覺得感情淡了提分手的人說，我覺得就是淡了不愛了，他卻說我太自私；覺得個性不合而分手的人很憂鬱，大家都說我只是玩玩，說愛情就需要磨合跟更多的包容。

似乎怎樣的分手理由，都會有人不滿意，大家有遇過好的分手嗎？

By 漂泊男子

小生陪你聽

服用此文，請搭配歌曲〈好眼淚壞眼淚〉

演唱人：徐若瑄

兄台你好，我是小生，偶爾客串回文，點綴你的人生。

看到你的問題，我其實很有感觸。

如果有人問我，怎樣的分手算是好的分手？

我會說：**「那要看你怎樣淚流。」**

如果你深深愛過一個人，那分手當下很難不流淚。

我記得我第一次失戀時，有一天去到一家我們一起吃過的牛肉麵館，老闆把麵端上來，我吃了一口眼淚就啪答啪答地掉。

因為我看到桌子的對面空了，少了一張最熟悉的笑容。多年後我看到２６動不動就內牛滿面內牛滿面地喊，我還真能體會當中的幽默。

難過，我哭。是因為看不到妳說的以後。

因為被劈腿或無縫而分手的人，雖然嘴上抱怨大罵對方垃圾，看起來很堅強很無所謂，但其實都只是藉由恨來壓抑愛的殤。

回到一個人的房間獨自面對那些否定與孤獨，以及屋子裡他留下來的舊物，誰能不在夜裡痛哭？

畢竟恨一個人，往往比愛一個人容易得多。但這樣的恨不是恨，因為我們都還背著愛的包袱。只是需要藉由恨，走出思念的泥沼。

被背叛時流的眼淚，是壞眼淚。

因為它替我們把恨帶走，因為它知道靠著恨不能走太遠的路，離開泥沼以後，需要釋懷與仰望，我們才能在莽原找到羚羊。

因為眼淚知道。眼淚知道只要追趕著羚羊前行，終會遇到水草肥美之地。

趕羚羊，草枝擺。

不要問我為什麼，反正眼淚知道。

有人說，我們是因為了解而分開。我好奇地問，你了解了什麼？

「了解了彼此的個性不合適。」

我說這樣子的人，才不是因為了解而分開。

「而是因為眼盲才在一起。」

這時候的眼淚，是壞眼淚。

一來哭自己傻，在一起前被氣氛沖昏了頭，二來哭自己笨，浪費了大把青春才看見一開始就知道的事情。

眼淚壞壞，笑你又傻又笨。

有人說，感覺淡了分手吧！然後兩個人抱頭痛哭。一個人哭是因為自責的內疚，另一個哭是因為抉擇的愧疚。自責的人懊惱是哪個環節出了問題，粗心地把幸福丟失了。抉擇的人為了落葉般堆疊的陳腐，鼓起勇氣做一次壞人。

一樣的是，兩個人終將面對相似的孤獨。

這時候的眼淚，是壞眼淚。

畢竟即便再平淡，總算是有人相濡以沫，分開後的兩個人，誰都不敢保證能隻身面對孤獨。

分開時的眼淚，多半是壞眼淚。

因為裡面包含了太多不由分說的負面情緒，在分開的當下需要排解。所以一個分手是不是好的分手，不能看當下的眼淚與控訴。

有個朋友前不久傳了一張照片給我，是她男友向她求婚時，她紅著眼眶捧著花點頭的照片，她說當下突然很感謝劈腿的前男友，不然遇不到現在的先生。人生如戲，剛被劈腿時還覺得自己一輩子遇不到那麼好的人。

這時候的眼淚，是好眼淚。

曾經有人對我說過，也許我們兜兜轉轉還會再遇見。為了再遇見，我兜兜轉轉了好些年。

我發現，我們不是天生就懂得愛。

能一牽手就白頭的人，才稱得上感情專家。

凡人如我們，總是要遇見幾位個性不合；總是要錯過那個心有靈犀的天作之合，才發現感情裡自己不能將就的部分。

但是那又如何呢？人生的道路總有幾個彎吧？重點是轉彎以後，回首來時路，能流下幾滴好的眼淚。

感謝青春給我們機會猖狂，感謝那人給我們時間張望，感謝契合的人，告訴我們什麼是盼望。我們學會在抉擇的時候猖狂，我們懂得在悲傷以後盼望。
然後我們才明白，好眼淚是因著壞眼淚而生。
壞分手，也許只是好分手的前奏。
好眼淚，壞眼淚。願我們一起笑著流。

總是要錯過那個心有靈犀的天作之合，
才發現感情裡自己不能將就的部分。

為何要談會分手的戀愛？

看不開，為什麼既然會分手，還要談戀愛？每一段結束都說：「好辛苦……再也不談了。」而遇到一個認為是對的人，又相信這次可以走到最後。

失去一個人要花好久的時間才會好，為什麼好不容易在一起好不容易熟悉，最後卻輕易分開？

說喜歡，只是相處太累。說想念，但是看不到未來。

我以為有喜歡，就可以慢慢去改變一切，有痛過總比錯過好。道理都講得出口，但是卻做不到，想了想還是覺得好痛，又捨不得忘記美好的回憶。

不知道接下來的目標要放在哪才會有動力，等他太傻，放棄又辦不到，不知道該怎麼辦好。

By 愛情都是騙人的

小生陪你聽

服用此文， 請搭配歌曲 〈修煉愛情〉

演唱人 ： 徐佳瑩

姑娘妳好，我是小生，偶爾客串回文，修煉妳的人生。

我想，人生如果是一段旅程，愛情就是有另一個旅人作伴的路程。有的旅人只能陪我們走一小段路，然後就在渡口和我們道別。沒辦法的，他有他遠大的世界，但我們偏愛山巒疊翠。

有的旅人帶著一張地圖，告訴妳，他很想去某座城堡尋找青鳥。妳被他的計畫吸引，於是改變了原本的方向。成為尋找青鳥的好夥伴。

他說青鳥象徵幸福，於是青鳥成為你們的信仰。可惜你們沒能找到。

於是你們在一個傍晚的岔路口互道珍重，他說他想去對面的山谷看看，妳很想告訴他：**「其實幸福就是有你的旅程。」**

但妳終究沒能說出口，取而代之的是一句保重。

「保重。」有沒有發現，年紀漸長以後，好像越來越常用這兩個字當作愛情的結尾？

相比於年輕的時候哭著說再見，大概我們都懂得，有些人永遠不會再見了，於是再見就顯得矯情了。

「修煉愛情的心酸，學會放好以前的渴望。」

終於，我們比年輕的時候，更不輕易說再見。不是變堅強了，而是不敢輕易表露內心的脆弱與想念。畢竟再見，多少含著期待與盼望啊。

「別講想念我，我會受不了這樣。」

我們終究不是變得多成熟，只是學會了武裝罷了。

姑娘，**人生是一段旅程，愛情是有人作伴的路程**。

能夠遇見一個人一起走已經何其幸運，兩個方向不同的旅人願意走一輩子，那更是三生有幸。

沒有人想談會分手的戀愛，但我們是不是都把找到青鳥當成旅程唯一的目標，而忘了幸福其實就是一起旅行的過程，忽略了當下。

妳沒有失敗，更沒有失去什麼。

妳的旅程因為有他陪伴而豐富，也許之後清單上又多了幾個他口中的景點也不一定。我們不也是這樣，成為別人的風景嗎？

現在的妳覺得難過，覺得累，是因為妳武裝著脆弱，流連在分道揚鑣的渡口找不到方向。

等一個顧盼、等一個回眸，或是一句想念。

沒關係的，休息夠了以後再上路，因為妳知道人生的旅程還要繼續，也只有不斷地前進，才會遇見新的旅伴。

到時候，記得告訴那個人，**「有你一起的旅行，就有了青鳥。」**

就算漫無目的也沒關係，因為遇見你，就是旅行的意義。

就算漫無目的也沒關係，
因為遇見你，就是旅行的意義。

再見劈腿的前女友

我跟前女友因為她劈腿，所以分手一年了，這一年來我盡可能地不會出現在她與現任男友會出現的地方。而我們之間還是有共同好友現在依然保持聯絡，其中有一個跟我比較要好的朋友明年初要結婚，雖然跟我比較要好，但是他們認識比較久，所以這位朋友兩個都炸。

今天輾轉聽到前女友跟其他朋友說我們明年會碰面，她說她「不介意」跟我碰面，而且還得在現場看到兩尊噁心咖坐跟我同桌。

明明當初她劈腿劈得眾所皆知，怎麼現在反而講成我才是加害者一樣，而我卻在先前跟這位即將結婚的好友拍胸脯掛保證說我一定會到，這下自刁了。

請問我該不該赴約拆炸彈？還是紅包私下包，說我生理期不方便參加？或是商請長得正的朋友友情贊助當槍手？

By 大表哥

小生陪你聽

服用此文， 請搭配歌曲〈麥來亂〉

演唱人 ： 五月天

兄台你好，我是小生，偶爾客串回文，點綴你的人生。

首先，我必須不客氣地說，你就是個性太軟才會被前女友吃死死。朋友是你的朋友，在座也都知道她劈腿，這根本就是你的主場，她敢來是她不要臉，憑什麼你要迴避？

以下提供你一個計畫，保證他們第五道菜吃完就離席。

事前準備：

1. 一個女伴，不用是超級正妹，聊得來的朋友就可以。記得事前告知需要她的情義相挺，免得事後她覺得被利用。
2. 一對耳環，最普通的那種小小顆的水鑽即可。後面會說明用途。
3. 一顆大器的心。
4. 請朋友務必幫你跟前女友排同桌。

婚禮當天，賓客魚貫入座，你和女伴稍微遲到了一下，入座的時候賤人已經在嗑瓜子。好戲要上場了，請深吸一口氣，再提醒自己一次。

我是婊哥，大器的婊哥。

你：**「怎麼才一陣子不見，又變更漂亮了。」**

賤人：「哪有~是你很久沒看到我了吧！」

這時候聽到這段對話的婊弟眉頭一皺，覺得這對話哪裡怪怪。加粗的這句話非常重要，什麼都話可以忘記說，這句一定要說。因為，我們要勾起他們心中的猜忌。

此時同桌友人一臉看好戲的樣子，不要讓大家有插話的餘地：「欸~婊弟也比之前看起來更帥氣耶！」

這句輕挑的話攻其不備，直接戳破他們假掰的大器假面，殺得兩人措手不及。若是前女友機靈反應快，稍微頓了頓馬上回嘴：「誰是你表弟啊，不要亂認親好嗎？」

「哈哈開個玩笑嘛，這邊大家都認識 Jason 啊，對了這我朋友芝芝。」

前女友本來想扣你個無禮的帽子，想不到被你一笑置之，順便提醒她，這裡大家都知道他們苟且的勾當，一股氣憋在胸口正愁沒處發洩，正好你提起了你的女伴，所謂女人最愛難為女人，賤人馬上把目標轉移到芝芝身上。

起手式一定是：「新女友嗎？」後面代入對芝芝的誇讚。

如果芝芝微肉，她會誇她身材很好，如果芝芝骨感，她會誇她很有氣質，如果芝芝濃妝，她會誇她保養很好，如果芝芝淡妝，她會誇她真會打扮。

不管她誇什麼，你只要淡淡又靦腆地回一句：**「沒啦，心美最重要。」**

這時候冷盤差不多上來了，氣氛也有點冷，大家各吃各的，服務生會問你們要不要開紅酒？

開，今天是值得慶祝的日子呢。

差不多到了第三道菜，瑤池金母醉神仙，原來是紹興醉蝦，你貼心地幫芝芝剝蝦，前女友看到一定會酸：「哇～現在變這麼貼心啊！」

「沒有啦～看人剝的看人剝的。」

被你這麼一堵，她氣到轉過頭跟婊弟說：「北鼻～人家也想吃蝦。」

「吃蝦？自己拿啊！」

然後你就會看到婊弟突然坐直，原來是腳被踩了。

這時候你已經成功把對你的怒火轉移到婊弟身上了。

如果賤人這時候說要去上廁所，一定是氣到去補妝，我們離成功只差一道菜的距離。

差不多吃過第四道菜，新郎新娘也第一套禮服進場，播一些自製的感人MV。這時候主角就是新人，賤人會講一些跟新人裝熟的幹話，我們快速帶過這個橋段。

第五道菜是我們的重頭戲——「人蔘鮑魚烏骨雞」。

這是一盅湯品，你要起身幫大家盛湯，賤人的烏骨雞多放一點，婊弟的鮑魚多盛一些，自己則盛一碗清湯，然後對婊弟說：**「知道你愛吃黑鮑，我的份給你。」**這時候，再假掰的人也會氣到臉色發紫。

賤人看著碗裡的烏骨雞，頓時明白你的另一層寓意，等新人差不多起身要去換第二套禮服的時候，她就會跟大家說：「不好意思，我們等等還有事要先走了」，於是直接站起身拉著婊弟 Jason 轉身就要走。

Jason：「等一下，我鮑魚還沒吃完啊！」

齁，婊弟你真的很愛黑鮑捏。

到這裡，我們已經贏了，他們回去一定會大吵一架，但我們還差致命一擊。就在賤人氣噗噗地走向門口，婊弟穿上外套準備追上去的時候，你走到婊弟身邊，拍拍他的肩膀，把那對耳環交到他手上：「欸，上次她來我家找我忘了帶走，原本說好今天要拿又忘了，再麻煩你幫我拿給她～」

以上，是不是有點期待跟前女友同桌了。

祝福你，反擊成功。

女友的男閨密

我和我女友已經在一起差不多兩個月了，剛開始的時候，我們都常常在一起出去玩，可是直到三個禮拜前，我們好像就不太出去了，漸漸地她也不太常回我訊息了。

她常常都跟朋友出去，而且還去男閨密的家裡玩，然後有時候她很久沒有回我我問她在幹嘛，她就說在回LINE，我之前跟男閨密也蠻好的，但是最近我問他問題，他也顯得好像不耐煩了。

這到底是怎麼了呢？

By 綠色是大自然的顏色

小生陪你聽

服用此文，請搭配歌曲〈安靜〉

演唱人：周杰倫

兄台你好，我是小生，偶爾客串回文，閨密你的人生。

不知道，你有沒有那種天分？懷疑是動物的天分，這是大自然賜給我們的禮物。讓我們遇到危險的時候懂得警覺，趨吉避凶。

看看在草原交配的鹿，有一絲風吹草動，都會警覺地逃命。

第六感，是與生俱來的天分，而且它通常很準確，那是長期累積的經驗判斷，讓你從不尋常的變化中察覺危險的天分。

我們來看看你和女友的感情，哪裡有不尋常的部分。

■女友開始不和你出去玩長達三周。

■LINE已讀很久不回。

■常去男閨密家。

等等，這真的是你女友嗎？

在告訴你解決辦法前，首先我們要先了解什麼是男閨密。

通常會被女孩叫做閨密的男生，基本上有幾個必要條件：

1. 和女孩很有話聊，無話不談甚至包括性事。

2. 了解女孩的過去、現在與未來，活像個占卜師。

過去——包含女孩過去的戀情和小祕密。

現在——包含女孩現在的心情，嚮往關係還是想要自由？和你在一起遇到任何的問題，小到你吃飯挖鼻孔、大到你炒飯三分鐘。

未來——分析女孩適合怎樣的男生，甚至幫她介紹對象。剖析她在感情上遇到的問題，教她如何處理。

超好der，有了閨密交男友無往不利。

【閨密Q&A】

Q1 你一定會問：「靠，這跟男友做的事情87%像，為什麼不乾脆在一起？」

兄台，女孩如果這麼容易跟閨密在一起，程又青和李大仁何必演那麼多集？如果你有機會問女孩這問題，通常你會得到以下答案：

1. 我們太了解彼此了，相處少了火花。

2. 對他沒有愛情／心動的感覺。

這時候如果你追問什麼是感覺，那就是你不解風情。

你要回：「唉，感覺對的人真的很難遇到。」

Q2 為什麼感情問題不和男友面對，要和閨密討論？

如果你有機會當面問問女孩，她會這樣回答：

1. 你憑什麼要干涉我交朋友的自由？（犀利反擊版）

2. 我不想把負面情緒和壓力帶到感情裡。（溫柔體貼版）

Q3 告訴我你和他真的沒有什麼，不要問，很恐怖。

如果說工具人是物質上的，閨密肯定是心理面的工具人。

這樣講也許你就好理解一些。

通常代表這男人的追求手法比較高明，不平白無故地請客吃飯看電影做一些會被當作追求的舉動，訴諸於自然而然的真情流露。

這樣的方式，成功率通常更高。

只是有時候遇到一些感覺至上的女孩兒，很容易就因為還想再感覺看看，就被晾成了閨密，其實站在男閨密的立場想，閨密心理苦，可閨密不說。

但感覺這種東西是很飄渺的，連女孩兒自己都無法掌握，說不定哪天風向又往閨密吹，那女孩兒又有偶像劇演了。

我某個渣男朋友的理論是：「有男友的女人比單身的女人好追。」

因為追單身的女人你要打敗很多個競爭者；追有男友的女人，你只要比她男友好就夠了。

閨密，就是愛情裡的伏兵。

閨密的稱呼因人而異，比較少女情懷的女孩兒就稱作「好閨密」，比較大辣辣的女孩稱作「好兄弟」。

不管是好閨密還是好兄弟，七月鬼門沒上鎖，麻煩自己走回去。

但說到底，閨密固然可恨，真正可恨的是三心二意，有問題不肯和另一半一起面對的人吧？性別互換也是一樣。

兄台，清楚了什麼是男閨密以後，我們要來面對現實。現實是這女人交往兩個月後對你就已經情冷了，後面能有什麼好結果都是自欺欺人。

也許你該問自己一個問題：**「你有沒有那種天分？」**

今天買了一包鹹酥雞，替女友多要了一些九層塔，結果打開房門一看，你的女友和好兄弟在睡覺，轉身關上門說，假的。

「哎呀，我眼睛業障重」，回到外面繼續吃鹽酥雞打 LoL。

暫時的，人家好閨密耶。

轉換心態，你也騎驢找馬，那就是兩不相欠的結局。

如果你沒有這種天分，你認為感情就該專一。

那就找個機會提分手，祝她找到幸福。

假如你不想見到她和男閨密從此以後過著幸福快樂的生活，我倒是有個撇步。只要以她和男閨密曖昧不明為由，高調分手，兩方臉皮薄一點，基本上半年一年是沒辦法在一起的。

你說又沒有證據，傻孩子，「人埋在哪，事就出在哪。」

只需要一句：「你跟男閨密的事，我都知道了。」就可以是爭吵的導火線了。
吵完一架以後，你就在臉書發個動態：

我沒有那種天分，包容妳也接受他。
始終劃不好的界線，感情裡，也許不被愛的才是第三者吧。

哈哈閨密哈哈

最後，希望你不要因為一次的挫敗對愛情絕望。你只是愛錯人罷了。
中元普渡大拜拜，大家一起超渡好閨密和好兄弟。

閨密，
就是愛情裡的伏兵。

重修舊好，可能嗎？

我跟她交往三年，目前已經分了一年多，提分手的是她，當時用盡各種方式挽回都不肯回頭。

分手理由不外乎就是不陪她、愛打電動、只顧工作，我也答應她會改會溝通，但她還是頭也不回地走了。

經歷過很長一陣子的傷痛期，現在我終於走出來，開始習慣一個人生活。但就在近期她主動聯絡我，說她還是忘不了我，還是想繼續一起，心裡還是有我之類的話語。

當初她走得這麼瀟灑，現在回來說還喜歡我，我是跟她說我需要一段時間。真的有點搞不懂她的心態，現在的我真的有點困惑。

By 困惑的大師兄

小生陪你聽

服用此文，請搭配歌曲〈聽說愛情回來過〉

演唱人：楊宗緯

兄台你好，我是小生，偶爾客串回文，點綴你的人生。

在告訴你答案之前，我想先跟你說個發生在法國南部的故事。

很久很久以前，法國南部的一個小村落住著一個女孩兒，女孩兒長得甜美可人，養著一頭小毛驢，每天早晨她就會牽著小毛驢到市場買菜，市場裡的每個人都認識女孩兒，見到她都會親切地向她打招呼。

「傻驢～」買菜的大嬸揮揮手。

「傻驢～」女孩兒笑著點點頭。

「傻驢！小美人今天怎麼更漂亮啦！」賣魚的大叔邊去魚鱗邊說。

「傻驢唷～大叔也越來越年輕了！」女孩兒回給他一個甜美的笑容。順便買了一斤魚，放在小毛驢屁股旁的籃子裡。

花店老闆娘：「傻驢～像妳這樣美麗的女孩，最適合一朵清麗桔梗花！」

女孩兒笑著接過花朵，把花安在頭巾上。

女孩兒和小毛驢，就這樣成了市場上美麗的風景。

但女孩兒有一個很浪漫的願望，她不想被困在這個小村落，整天幫家裡的乳牛擠奶，她想去看看這世界。

她想去看看馬賽漁港的船隻和老水手，她想去看看普羅旺斯的薰衣草花田，她還想走到更北更北的遠方，聽人說那裡的天空晚上會散發絢麗的光彩。

可是，她這輩子只有一頭小毛驢，背不了太重的行李，跑得也沒有馬兒來得快，如果想靠小毛驢旅行，不知道要走到猴年馬月。也因此，她常常在回家的路上望著那些漂亮的馬車發呆。

「小毛驢，看吶！人家馬兒多厲害，輕輕一拍就跑那麼快。」

「哇啊~你看那輛馬車多漂亮，坐在上面多氣派！」

小毛驢只是安安靜靜地邁著步伐，陪著女孩兒走上一段不短的路。

「小毛驢啊，有一天我真的會因為你走太慢離開你。因為我怕你跟不上我的腳步。」

女孩兒把頭上的桔梗花摘下來，晃了幾下便丟在路旁。

終於有一天早上，女孩兒下定決心去外面闖闖，她拿了一點存下來的私房錢，幾件衣服，把小毛驢一個人留在穀倉裡，頭也不回地離開。

她先去馬場，看了一輛漂亮的馬車，就是她夢想的那種，純白色鑲金邊，可以載著她的夢到處奔馳。但一問價錢她嚇到吃手手，最後選啊選，發現即使她買了最便宜的馬車，剩下的錢還不夠買一匹馬。

沒有馬根本哪都去不了，所以她決定不買馬車，只買馬。

她選了一匹最健壯的白馬，但一問價錢又嚇到吃手手，因為如果她買了帥馬，就沒錢買糧草，根本走不了太遠。

最後選啊選，她只好選一匹瘦馬，勉強載得動自己和行李。

沒想到出發不到半天，瘦馬就鬧起脾氣來，死活賴在原地不走了。

女孩兒死拖活拖都拉不動，只好蹲坐在原地等瘦馬休息夠了，才牽著牠走到鎮上的客棧稍作休息。

沒想到瘦馬不只脾氣大，胃口也大，一口氣就吃掉兩大捆的草，隔天退房連住宿的錢算一算，就用掉女孩兒一半的盤纏。

這下子連最近的普羅旺斯都到不了了。女孩兒不甘心，把心一橫，馬賣了，用走的也要走去普羅旺斯。

一天兩天過去，女孩兒走到腳都起水泡了，三天四天過去，背著行李的肩膀也磨破了皮，女孩兒終於走到普羅旺斯。看著一望無際的薰衣草田，女孩兒突然好想念小毛驢。

「原來有些地方，不用華麗的馬車也到得了。」

又過了四天，穀倉的大門緩緩地推開了。

火紅夕陽從門縫間灑落，映著女孩被拉長的影子，和那熟悉的甜美的笑容。

女孩兒望著小毛驢，笑著說：**「傻驢！好久不見：）」**

你他媽的還真以為人家在跟你問好喔！？你媽沒有生骨氣給你是不是？是男人就給我尻個槍冷靜一下，再想想你是寧願當驢？還是帥氣地甩門轉身，去找到自己的幸福？

兄台，相信我。她到得了的地方，你一定能走得比她更遠。因為你腳粗、耐操、身體勇健，還有一顆善於等待的心。

祝福你，在旅途中遇到愛你的小母驢。

似乎永遠都好不起來了

四個月前失戀，但始終無法釋懷。始終無法接受，他說「沒感覺了」是分手的原因，就連他的好朋友都跟我說這什麼鬼，這個理由聽起來很敷衍。

他覺得他已經把分手的理由講得很清楚了，他覺得是我沒有聽到我想聽的理由，所以把自己逼瘋，然後又一直追問他。

真的好難相信，原本溫柔體貼的他，分手之後卻是判若兩人，我難過到再也不敢打給他、不敢知道他的消息。

還記得一開始在一起的時候，我還覺得這一切都好不真實，他真的是我男朋友了嗎？不敢相信自己可以遇到這麼好的人；不敢相信他會提出交往的告白。因為他只在國中的時候交過一個女朋友，還被劈腿了。

然後，後來就過著每天午休偷偷哭，下班躺著大哭的生活，中間也不是沒有跟朋友出去玩。打籃球、打排球、健身房、露營、彈吉他，都做了。

小生陪你聽

服用此文，請搭配歌曲〈整座城市的安慰〉
演唱人：陳勢安

但時至今日，擺脫不了現在天天哭的日子，就在剛剛難受到忍不住打給他了。結果當然是被澆了一身冷水，也沒說什麼，只是想知道他最近過得怎麼樣。後來匆匆地被掛了電話。

在一起快兩年，很少吵架，幾乎都很快樂。在一起時幾乎都是快樂的，台北好多個地方我都不敢再去了，因為我們一起去過太多地方，怕觸景傷情。

從一開始的吃不下睡不著，到去身心科掛診拿藥回診拿藥，已經三四個月過去了，卻還是天天哭。似乎已經變成中度的憂鬱患者，不知道該回診到什麼時候，好像再也無法重新愛上那麼剛剛好的人了。

我的醫生希望我可以去做心理諮商，他覺得我這樣會好得比較快。今天第一次去見心理師，好貴好貴。

但我好希望可以趕快好起來，可是我真的好害怕，不知道為什麼大家都說時間是解藥？對我來說卻始終沒有沖淡那股難過。

明明很多人都比我糟，被劈腿的、被離婚的、交往十多年分手的都大有人在，而我也都知道這些事實，但知道了還是一樣……沒有辦法因此感到比較不痛苦，我真的好害怕我會變成那些過不去的人。真的不想要自己在還青春年輕的歲月裡，把時間放在憂鬱裡，可是還是這個樣子。

我真的不知道自己是不甘心還是真的太愛他了，別的男生問我，他有這麼好嗎？好到任何人無可取代嗎？

我也不知道，只說好像是，因為往後再也沒有那麼單純的自己再遇上下一個人，拿掉職業、拿掉身高、拿掉收入，我還是一樣覺得很愛很愛他。好像自己就站在廢墟中間，環顧四週只有我自己一個人。

我不知道這樣的諮商還要幾次，也不知道有沒有效，像我這樣的女生是不是沒救了？但也沒有過輕生的念頭，可能只是不敢自己結束掉生命而已。

因為太害怕有地獄的存在了，因為我感受到此刻就待在地獄裡，但也覺得活著好像沒什麼意義了，很希望三十歲以前可以來個心肌梗塞，然後痛快地離開，這樣死掉的時候遺照還可以很年輕可愛，可惜家族裡似乎沒有相關病史。

每天哭，每天活在絕望的感覺真的好痛苦。

By 丟了洋娃娃的女孩

姑娘妳好，我是小生，偶爾客串回文，點綴妳的人生。

今天晚上讓整座城市熄燈，聽我說個故事。

有一個小女孩，把她心愛的洋娃娃弄丟了。她在家裡翻箱倒櫃地找，始終找不到洋娃娃的蹤影。於是，她走出了屋子，到樹林裡去找。

她遇到了樹精，就上前問樹精：「請問你有沒有看到我心愛的洋娃娃？」

樹精彎下腰看著她：「唷齁齁～我沒有看到妳的洋娃娃，可是我可以教妳怎麼長出最強壯的枝幹。」

女孩抬頭問：「枝幹能做什麼呢？」

樹精說：「枝幹可以吸引很多美麗的鳥兒來築巢，他們會帶來美麗的顏色。」

女孩很失望地說：「可是，那不是我的洋娃娃。」

女孩低著頭難過地離開，樹精很遺憾沒有幫到忙。

女孩走著走著，遇到了一隻正在吐絲的蠶寶寶，於是她彎下腰問蠶寶寶：

「請問你有沒有看到我心愛的洋娃娃？」

蠶寶寶停下牠吐絲的工程，對女孩說：「我沒有看到妳的洋娃娃，可是我可以教妳怎麼做出世上最好的蠶絲。」

女孩歪著頭問：「蠶絲可以做什麼呢？」

蠶寶寶說：「蠶絲可以保護我直到蛻變，然後我就可以展翅飛到更遠的地方。」

女孩很失望地說：「那你記得幫我找找洋娃娃。」

蠶寶寶和女孩道別，繼續為牠的蛻變做準備。

女孩走到了山坡旁，遇到正在放羊的男孩，就上前問他：「請問你有沒有看到我的洋娃娃？」

男孩說：「我有看到妳的洋娃娃，但妳現在找不到她。」

女孩問：「那我要怎樣才能找到她呢？」

男孩說：「等到夏天水草豐盛的時候，我就帶妳去找洋娃娃。」

於是女孩就跟著男孩放了一個春天的羊，感覺久到她都快忘記洋娃娃長什麼樣子了。

直到某天早上，男孩叫醒女孩，告訴她可以動身去找洋娃娃了。

男孩帶著女孩走到森林裡，原本的蠶寶寶已經蛻變成美麗的蛾，女孩很驚訝她竟然可以如此美麗。

蛾小姐對女孩說：「沒能幫上妳的忙很抱歉，但我的絲可以送給妳，那能織出世上最美的衣服。」

男孩取了絲，帶著女孩找到了樹精，此時樹精的身上停滿了好多美麗的鳥兒，爭奇鬥豔地長著各種美麗的羽毛。

女孩被這充滿生命力的景象震懾，她發覺世上還有很多沒見過的美麗。

此時男孩在一旁提醒她：「小心鳥大便。」

樹精對女孩說：「妳喜歡什麼顏色，都盡量拿去。」

男孩和女孩和鳥兒們取了最美的顏色，回到了牧場。

男孩在自己的羊身上剪了一袋羊毛，轉身問女孩：「還記得妳的洋娃娃長什麼樣子嗎？」

女孩點點頭，男孩對她笑了，笑得很是好看。

「那，我們做一個新的吧！」

女孩不知怎麼地，也跟著笑了。

姑娘，妳說妳嘗試了很多事情，打籃球、打排球、露營、彈吉他，但還是覺得自己永遠好不起來了。

恕我直言，如果你是抱著要好起來的心情去做這些事，那就像那個找洋娃娃的女孩，每件事情的答案都令她傷心。

因為歸根究柢，她沒有認真去聽樹精和蠶寶寶說什麼，她只心心念念著她的洋娃娃。

就像妳一樣，打籃球的時候腦袋想著是他的影子，露營的時候望著星空想的是他在哪個平行宇宙，彈吉他的時候，練的永遠是傷心的歌。

妳沒有真正進入這些事情，專注感受當下的快樂、和當下與你互動的朋友同樂，當然覺得每件事都食之無味。

妳也在找洋娃娃，那個洋娃娃的名字，叫做「原因」。

妳認為找到原因就可以釋懷了，妳認為找到原因就可以往前了，甚至妳認為，找到原因並且修正它，你們又能重修舊好。妳就可以找回快樂。

可是姑娘，妳知道嗎？

「不愛了的每個原因，都只是理由。」

曾經愛過的人為分開找理由，很殘忍，但不愛了這件事情，本身就很殘忍。

我們能做的，僅僅只是接受不愛的事實，然後感受當下每一瞬的生命。

後來，小女孩和小男孩合力做好了新的洋娃娃。

看起來好像和原本的不太一樣，但小女孩很喜歡。

姑娘，妳有沒有這樣的經驗？丟失了心愛的東西，怎麼找都找不到，等到漸漸忘了它的存在，它又自己出現了？這時妳才發現，它好像沒有當初汲汲營營尋找時，以為的那麼重要。

別讓過去的理由，成為現在的枷鎖。

只要留心現在，就有很多美好會發生。

祝福妳，**遇到那個和妳造娃娃的男孩。**

明明變好了，卻還是難過

剛分手時因為嚴重厭食做了心理諮商，我問心理師：「我不知道該怎麼做才是愛自己」、「我對感情好失望，在一段關係剛開始時，對方一定都會表現得很有心，根本沒辦法知道這個人是不是過個幾年就說走就走，我覺得很可怕。」

心理師說：「當你有想要站起來繼續走，也有想讓自己變得更好的念頭，就已經是愛自己的開始了」、「曾經在我身上發生和妳類似的經歷，後來我去嘗試了很多不同的事物，當我讓自己的人生變得充實且豐富後，我遇到了現在的對象，我們下個月要步入禮堂了。或許這段話很老土，但花若盛開，蝴蝶自來；人若精彩，天自安排。」

若要說我改變的原因，一開始只是單純想轉移注意力，甚至抱持著有點自暴自棄的心態，豁出去嘗試所有能想到的事情，例如自己一個人跑去考潛水、學重訓，還有很多很多事情。踏出去後也結交到很多朋友後，突然發現這世界很大，

小生陪你聽

服用此文， 請搭配歌曲〈隱形的翅膀〉

演唱人：張韶涵

而我回想過去做了什麼，卻是一片空白。於是我把自己想做的事情一件一件列出來，還有自己羨慕別人哪些部分也列出來，認真規劃自己，也看了一些心理類的書去了解自己。在過程中，我重新站起來，也停止了諮商。

我很喜歡新加入生命中的這些事物，甚至變回以前的開朗樂觀，但只要稍微有人對我表示好感或想和我變得親近，我就會很難受，可能前一秒都好好的，下一秒回到家後哭得跟智障一樣。這陣子以為自己漸漸走出來了，卻又在有人對我表示好感的隔天，又夢到那個人。醒來後滿腦子想的都是後來遇到的人，他們根本沒有看過我原本的樣子。而這個人不一樣，他在最開始喜歡上的是我原本的模樣，這輩子大概再也遇不到一個這樣的人了吧，喜歡全部的我。

也許就像版友說的一樣吧，認清這是成長的過程，沒有人永遠長不大的，我必須接受現在的模樣、接受這就是現在的我，更有自信一些，不要再回過頭看了。隨著時間，只要持續往前走，這些事物會慢慢變成我的一部分。

學著放下，也放過自己。

By 松蘿般的女子

姑娘妳好，我是小生，偶爾客串回文，點綴妳的人生。

上一篇回文，那是一個關於找娃娃女孩的故事。但妳有所不知，放羊男孩也有他的故事。

我想跟妳說說，放羊男孩的故事。

放羊男孩最早的工作不是放羊，他替一座牧場的主人打工養羊。

但不幸的是，主人就是個愛牽拖的慣老闆，羊毛不柔順怪他，羊奶不夠多不夠香怪他，老婆跟別人跑了也怪他。

最後給了男孩農場裡最瘦弱的兩隻羊，小公羊阿吉和小母羊多莉，就把男孩給資遣了。

男孩沒有錢，無家可歸又只有兩頭羊，站在牧場門口望著阿爾卑斯山發呆。就算男孩是傻傻的不丹人也快樂不起來，因為他過了今天就沒有麵包吃了。

這時候阿吉開口說話了：「幹完蛋了，這主人看起來超廢，我們很快會餓死了吧。」

多莉安慰男孩說：「先別擔心那麼多，我們先找到有水草的地方吧！只要有草吃，我就可以擠出奶來，我們三個都不會餓死。」

男孩很難過很無助，但多莉的話安慰了他，給了他方向。

可惜的是，男孩沒有放牧的經驗，所以根本不知道去哪裡找到適當的牧場，一人兩羊又餓又渴。

阿吉又開口說話了：「看吧我就說吧，我們的主人不行啦。」

多莉鼓勵男孩說：「找不到草原的話，要不要先去前面的樹林看看？」

男孩聽了多莉的話，帶著他們冒險走進樹林。

在樹林裡，男孩遇到了樹精。

男孩問樹精：「請問適合放羊的草原在哪裡？」

樹精說：「呦霍霍～我這輩子沒離開過樹林，不知道哪裡有草原，但我可以送你用樹枝做成的魔笛。」

男孩不解地問：「魔笛可以幹什麼？」

樹精說：「魔笛吹出來的樂曲可以讓你快樂。」

阿吉忍不住吐槽：「幹你娘根本答非所問，知道什麼可以讓我快樂嗎？吃草可以讓我快樂！」

多莉翻了翻白羊眼：「旁邊有灌木叢不會加減吃嗎？」

就這樣，阿吉和多莉吃了葉子果腹，多莉勉強擠出一些奶給男孩充飢。

兩羊一人繼續尋找草原的旅程。

一路上男孩練習吹著魔笛，笛聲吸引來了一隻牧羊犬。

男孩問牧羊犬：「請問適合放羊的草原在哪裡？」

牧羊犬說：「兔子多的地方草就多，我可以追蹤兔子的味道。」

男孩興奮地說：「那你可以帶我們去嗎？」

牧羊犬：「我可以加入你們，但你要每天吹笛子給我聽。」

阿吉擔心地說：「欸他會不會想吃我？」

多莉又翻了翻白羊眼：「如果我是他，我寧願吃兔子。」

多莉走到男孩身旁蹭了蹭他的大腿，表示她支持男孩做任何事。

於是男孩每天都幫牧羊犬吹笛子。

就這樣，牧羊犬帶著男孩找到了河邊的草原，一人一犬，兩隻羊，展開了全新的生活。

男孩喜歡坐在靠河的邊坡上吹著魔笛，他的技巧進步神速，已經能吹奏出讓人心曠神怡的歌曲。

阿吉和多莉也豐腴了起來，時間一久這對歡喜冤家也培養出感情，男孩一邊吹笛子，兩隻羊就在一旁瘋狂交配。多莉這時候，也會翻翻白羊眼。

牧羊犬平常趕趕狼群，沒事就在草叢裡大啖兔肉。

這畫面太美，讓人不敢相信。

但很多很多個夜晚，在篝火漸冷的時候，男孩還是會夢到牧場的主人，還是會夢到他走很長很長的路，始終找不到草原，阿吉和多莉累倒在地，全世界只剩他一個人。

夢醒時分，羊羊和狗狗在他身旁酣睡，他有點分不清哪裡才是夢境。

到了隔年的春天，男孩已經是十頭羊的主人了。

有個富商經過，嚐了一口多莉的奶，驚為天人：「這是我喝過最棒的羊奶，我願意用豪華帳篷跟你下一年份的訂單。」

富商又摸了摸阿吉的毛，嚇到吃手手：「這是5A級羊毛，可以做出最好的毛衣，我願意用最好的馬跟你下單。」

男孩怯懦地說：「你一定是搞錯了，我擠的羊奶不好喝，羊毛又不柔順，根本不值得這些。」

多莉一如往常，溫柔地蹭了蹭男孩的大腿說：「傻孩子，現在的你已經不是從前的你了。」

阿吉一反常態，溫柔地蹭了蹭男孩的大腿說：「傻孩子，難得來了個盤子為什麼不好好噱一筆，記得白紙黑字才算數。」

於是男孩聽了多莉和阿吉的話，變成有房有車的放羊少年了。

但男孩還是常常做那個惡夢，他害怕自己不夠好，那些不認識從前的自己的人，會不會有一天對自己失望。

現在的我，是真的我嗎？

又這樣過了一年，某個下午他在河邊的樹下吹著魔笛，白雲的影子在綠色的青草地上掩映。多莉和阿吉已經升格當祖父母了，現在的他有三十頭羊。海放他的前老闆。

牧羊犬和新女友追著野兔跑，他的馬正想和一隻母鹿搭訕。

男孩想起樹精對他說的話：**「魔笛吹出的樂曲可以讓你快樂。」**

這句話說得真是不錯。

如果男孩沒有魔笛，就吹不出好聽的曲子。

沒有好聽的曲子，就遇不到牧羊犬。

遇不到牧羊犬，就找不到草原。找不到草原，大家就會餓死。

也就永遠不會有今天。

他感謝樹精，感謝魔笛，然後他看到了多莉。

對了，是多莉蹭蹭他的腿，鼓勵他不要放棄。

姑娘，妳疑惑什麼是愛自己，甚至不明白過去和現在哪個才是自己。

我告訴妳，都是。

那個被老闆資遣的男孩，是被分手、殘破不堪的自己。

小公羊阿吉，是我們心裡質疑的聲音。
小母羊多莉，是那個渴望變好、渴望光明相信愛的純真。
魔笛是健身、是潛水、是各種別人說做了會讓自己更好的嘗試。
分手以後，我們心裡都會有兩個聲音。
如果妳總是聽阿吉的，那妳會絕望到不行。
如果妳偶爾聽聽多莉的，勇敢做一些嘗試，那才會往前進。
一開始一定半信半疑的，就像樹精的魔笛。因為這些都是別人說的，妳沒有真正內化成自己的東西。
但又如何呢？凡事不是都先有形才有魂嗎？
等這些興趣駕輕就熟，妳可以亮著眼睛和別人分享。那就會吸引來牧羊犬。
透過這些志同道合的朋友，欣賞的眼光，妳會慢慢找到心該安放在哪個地方。
草原，就是心之所向。
在心之所向當中，我們變得豐盛、變得快樂。
我們會疑惑，會惡夢，會懷疑自己不配，會因為從前感到自卑。

但請記得，在不可逆的時間線上，是原本的那個妳相信了心裡的美好，讓從前破碎的自己，找到了這片草原。

原本的妳很好，現在的妳是她的延伸。

妳要學的不是放下，而是擁抱。

擁抱過去，擁抱現在。

坐在草坡上擁抱著現在的一切，好的壞的、阿吉、多莉、魔笛、牧羊犬。

這就是愛自己，這才是愛自己。

於是，妳可以大方地接納富商的欣賞了，因為他所欣賞的現在，沒有過去是不會成真的。

妳不只是披著外殼，妳是真的值得。

某一個陣雨過後的天晴，有一個小女孩朝著這片草原走來。男孩遠遠就看到她了，不知道為什麼，她的出現，讓男孩所有的美好都顯得微不足道。

女孩問：「請問你有沒有看到我的洋娃娃？」

多莉蹭了蹭男孩的大腿；牧羊犬嗷嗚嗷嗚叫了兩聲。男孩轉頭看了看了阿吉，他最親愛的反對派。

阿吉用鄙夷的眼神說：「你是不是想幫人家造娃娃。」

是的，有那麼一天，有那麼一個人會走進妳心裡的草原。

心裡的聲音都會知道。

原來這就叫做愛。

祝福妳，心之所向。

你要學的不是放下，而是擁抱。

擁抱過去，擁抱現在。

／後記／

考驗與甜蜜，都是禮物

這本書距離上一本回文集《然後，我們都懂了》，已經有四年多的時間了。這本書收錄的文，也差不多囊括了四年多來經典的回文，細心的讀者也許會發現，每篇的文風都有細微的差異。

因為四年的時間當中，我也在慢慢地成長與改變啊！

四年裡，遇到很多人，也和很多人走失，有的是戀情，有的是重要的夥伴、導師。有時候為了國家認同這種價值觀而堅持，有時候為了生活而學會妥協全職寫作的想法。重新檢視這些回文，很訝異能夠持續地回文這麼長的時間。

現實生活中，其實我常常活在自己的殼裡。有時候排斥交際，跟最親近的人常常不懂表達內心的感受。所以常常造成傷害與疏離，我卻不以為意。我想獨善其身，因為這樣就已經夠了，因為這樣的生活自由自在。

這些事情，在遇到瓶子後有了轉變，她和她的家人那麼和樂、那麼有凝聚力，而我一個單親家庭長大的孩子，處在其中對這種溫度感到不自在，離開後又覺得寒冷。

然而瓶子包容了我，就像陽光包容蒲公英那樣地自然、柔軟。

原來我該找個地方落腳了。

當你們讀到這裡，應該是二〇二〇年三月之後了，去年的十一月，有個小天使堅持要來到我們的生命。胎兒的心跳速率是成人的兩倍，那心跳聲我至今無法忘懷。像是跑了一段很長的路，既興奮又期待地告訴你，他的存在。

原來你跑了這麼遠才來啊。

那麼，讓我牽著你和媽咪的手一起走吧。

人生就是一段旅程，我們都走了好長的路才在岔路口遇上彼此。有些人陪你走一段路，有的人陪你走一輩子。

小生的這段旅程我走了四年，一開始是為了引起失去聯繫的前女友小莫注意，經過那麼多的錯過與道別，歡笑與淚水，就在我根本忘了一開始的目的時，在一座山坳處遇見了命中註定。

那之前的努力不就白費了嗎？也不是，因為沒有走過那些路，我們不會明白，也不會欣然接受命運的安排。

總會遇到命中註定的，如果你還在錯過與道別之中迷惘，請抬起頭不要停下腳步。因為命運就是這麼地奇妙，會把你最需要的給你，無論是考驗還是甜蜜，當它出現的時候你會知道自己無法拒絕，只能張開雙手迎接。

重要的是你繼續前進，才能在考驗之後迎接甜蜜。

而甜蜜的後面，會有更多考驗，人生就是這麼有趣，不是嗎？

我要朝向下一個考驗走去，希望你也笑著迎接將來的甜蜜。

國家圖書館出版品預行編目資料

對愛入座：網友推爆！情場魯蛇的愛情解惑指南 / 小生作 . -- 初版 . -- 臺北市：三采文化，2020.02
面；公分 . -- (愛寫；39)
ISBN 978-957-658-302-5(平裝)

1. 戀愛 2. 兩性關係

544.37 108023373

愛寫 039

對愛入座

作者｜小生
副總編輯｜鄭微宣　責任編輯｜鄭微宣
美術主編｜藍秀婷　封面設計｜池婉珊　插畫｜Dinner Illustration
內頁版型｜池婉珊　美術編輯｜Claire Wei
行銷經理｜張育珊　行銷企劃｜周傳雅

發行人｜張輝明　總編輯｜曾雅青　發行所｜三采文化股份有限公司
地址｜台北市內湖區瑞光路 513 巷 33 號 8 樓
傳訊｜TEL:8797-1234　FAX:8797-1688　網址｜www.suncolor.com.tw
郵政劃撥｜帳號：14319060　戶名：三采文化股份有限公司
本版發行｜2020 年 2 月 29 日　定價｜NT$350

著作權所有，本圖文非經同意不得轉載。如發現書頁有裝訂錯誤或污損事情，請寄至本公司調換。 All rights reserved.
本書所刊載之商品文字或圖片僅為說明輔助之用，非做為商標之使用，原商品商標之智慧財產權為原權利人所有。
注意：書中所附 QR Code 僅供本書搭配使用，擅自複製或移作他用者須自負一切法律責任。